AF359530

X D'ARGENT

ET

JEUX BARBARES

PAR

Elie GOUNELLE

Publié par la Ligue contre l'immoralité publique et privée
l'ÉTOILE BLANCHE

VALS-LES-BAINS
IMPRIMERIE-LIBRAIRIE E. ABERLEN ET Cⁱᵉ

1901

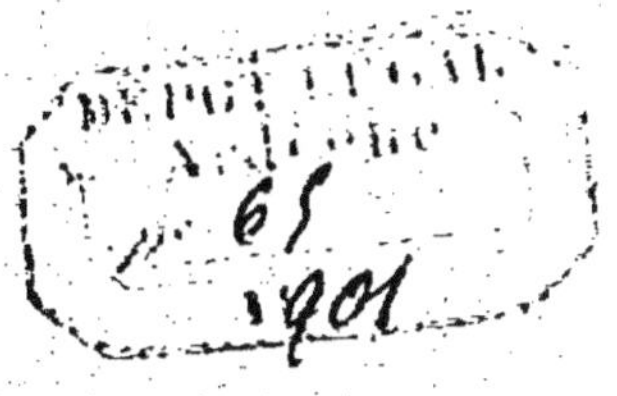

JEUX D'ARGENT

ET

JEUX BARBARES

PAR

Elie GOUNELLE

~~~~~~

Publié par la Ligue contre l'immoralité publique et privée
l'ÉTOILE BLANCHE

~~~~~~

VALS-LES-BAINS

IMPRIMERIE-LIBRAIRIE E. ABERLEN ET Cie

—

1901

L'INVASION

DES JEUX D'ARGENT ET DES JEUX BARBARES

DANS LA SOCIÉTÉ CONTEMPORAINE

(Enquête sur nos « Mœurs de jeu »)

Ceux qui veulent connaître et réformer la société, doivent absolument savoir comment les hommes jouent et se divertissent. L'âme d'un peuple se révèle — témoin les Grecs et les Romains — autant dans ses plaisirs que dans ses travaux. Il est parfaitement exact, comme l'a dit Schiller, que « l'homme n'est l'homme complet que là où il joue. » Étudier l'homme « là où il joue » est une nécessité pour qui veut pénétrer les plus profonds secrets de la psychologie, de la morale, de la vie sociale. Socrate observait l'homme au cabaret, là où il s'ouvrait tout entier, sans méfiance et sans gêne ; et Jésus allait de préférence dans les carrefours, sur les chemins, là où se réunissaient « les mangeurs et les buveurs, » et « les gens de mauvaise vie, » là où il y avait de la vie spontanée. Pour rencontrer Marie de Magdala, les publicains, la femme adultère, et toute la fine fleur que dédaignaient les pharisiens, j'imagine que le docteur par excellence de l'âme humaine cherchait ailleurs que dans le lieu très saint.

Et nous aussi, suivant d'aussi grands exemples, apprenons nos « humanités » ailleurs que dans nos livres, en pleine vie, et pour aujourd'hui, là où l'on joue. J'avertis que ce ne sera pas toujours amusant, car nos mœurs de jeu sont souvent révélatrices des pires hontes et des plus noires misères contemporaines.

Nous apportons ici moins des théories que les résultats d'une enquête personnelle. Nous avons pensé qu'avant d'entreprendre une campagne d'action morale et sociale contre le jeu d'argent, il fallait en prouver la nécessité et l'étendue par une étude aussi documentée que possible.

**

On nous permettra, pour bien déterminer le champ de nos recherches, de distinguer *le plaisir* et *le bonheur*. Leur confusion est le grand sophisme des masses matérialistes et des temps de décadence. Ce sont pourtant deux choses absolument différentes : le plaisir dépend de nos sens et de notre nature animale; on l'a appelé avec raison « la fleur de la saine activité animale » (1). Le bonheur, lui, dépend exclusivement de nos plus hautes facultés morales, spirituelles, sociales; nous l'appellerons avec M. Izoulet, mais en complétant sa définition : « la fleur de la saine activité *spirituelle* (2) et sociale. »

Les plaisirs d'ordre animal et même psychique — l'animalité pour nous comprenant aussi tout le psychique — sont nécessaires, comme étant les manifestations d'une surabondance de forces et de vie. Mais leur moralité dépend de leur orientation, de leur inspiration. L'humanité a soif de l'eau de joie : malheureusement elle n'en trouve pas la source vive et elle court, fiévreuse, à toutes les citernes crevassées ou empoisonnées qu'on lui signale : les alcools, les débauches, les jeux,

> Ces plaisirs sans bonheur, tout pleins d'un vide immense (3).

La passion du jeu est le poison de nos joies — non le seul hélas! mais l'un des plus énergiques.

(1) *Izoulet* : La Cité moderne, p. 346.

(2) C'est nous qui ajoutons « spirituelle. » Pour M. Izoulet, l'âme est fille exclusivement de la cité. Pour nous, elle est aussi fille de Dieu, de l'Esprit! — L'association, à elle seule, ne créerait pas le bonheur, sans un élément surnaturel fécondant.

(3) Musset.

Ainsi que l'ont finement montré MM. R. Allier et Ch. Gide dans des études qui sont à lire (1), cette passion a des causes psychologiques fort complexes, dont les trois principales sont : *le charme de l'imprévu,* ou plus exactement « le plaisir de prévoir un résultat douteux » (2); — *l'attrait du risque,* qui est si naturel à l'homme, et qui est l'origine du pari, du jeu d'argent, de la loterie, des spéculations, comme aussi du reste des entreprises hardies, des voyages d'explorations périlleuses, etc.; — enfin, *l'espoir du succès,* quelle qu'en soit la nature, espoir qui est selon les cas, ou le sublime stimulant du progrès moral, de la science, de l'art, ou le vil ressort et l'âme même du jeu. Et tandis que l'attrait de la victoire dans le domaine scientifique, esthétique, moral, nous paraît être l'aiguillon par excellence de l'action virile, du talent, de l'héroïsme ou du grand art — dans le domaine du jeu il n'est plus qu'un dangereux vertige de l'âme, l'aveugle et fataliste attente de la « veine, » *l'attrait de la chance.*

En somme *la passion du jeu* n'est que la falsification ou la déviation d'aspirations légitimes, normales et qu'il est absolument nécessaire de satisfaire : l'attrait de l'inconnu, l'amour du risque et l'espoir du succès. Chez l'homme normal, toutes ces forces naturelles sont disciplinées, moralisées par une éducation rationnelle et sociale, orientées par l'idée de justice et de solidarité vers le plus grand bonheur de l'humanité. Chez le joueur, au contraire, tout est faussé par la fatale passion.

L'inconnu, l'imprévu, auquel il se donne tout entier, n'est pour lui que *le hasard;* le risque accepté, couru, et déterminé par un contrat aléatoire, ne s'appelle plus pour lui que *l'enjeu* (mise, billet de loterie, etc.); et la victoire qu'il recherche et dont l'attente passionnée est l'âme de son âme, la vie de sa vie, son amour et sa foi, a nom... *la chance.*

C'est en effet l'espoir de la chance — c'est-à-dire du gain

---

(1) *Les ennemis de la jeunesse* (Aberlen, Vals). Étude de M. Raoul Allier sur « la passion du jeu. » — M. Ch. Gide : *Les jeux d'argent,* brochure publiée par la *Ligue de l'Étoile blanche.*

(2) James Sully.

ou du succès dus à la seule faveur de la déesse Fortune — qui constitue l'essence même du plaisir du joueur. Pascal l'a dit : « Donnez-lui tous les matins l'argent qu'il peut gagner chaque jour, à la charge qu'il ne joue point : vous le rendez malheureux. »

L'homme, dans son travail comme dans ses jeux, vit volontiers dans l'avenir et pour l'avenir. Mais il y a deux façons d'y vivre, deux religions : l'une, normale et sainte, qui consiste à lutter par le travail avec la nature, par la science avec l'inconnu, par la foi avec le mystère, à semer tantôt en gémissant et tantôt en chantant les germes féconds des temps futurs, et puis à attendre calmement, toujours et quand même, le triomphe espéré, la moisson de vérité, de justice ou de bonheur, qui lèvera infaillible-ment ; l'autre, méprisable et stérile, religion matérialiste et fataliste qui tient tout entière dans ces trois dogmes rigides du *hasard, de l'argent* et de *la chance*, — religion qui dégoûte l'homme du plaisir noble et du travail régulier, qui amoindrit et paralyse toutes ses facultés intellectuelles et morales, et qui finit par en faire un superstitieux, un dissimulateur et un voleur, — oui, un voleur — s'il est vrai que tout argent gagné sans travail et pris à autrui est un vol.

Il est grand temps de dénoncer comme indigne de notre pays et de notre civilisation, *tout jeu où le hasard joue un rôle exclusif ou prépondérant ; tout jeu qui nuit positive-ment au développement normal et intégral de l'humanité,* par conséquent où l'on gaspille les plus précieux biens qui nous ont été confiés : santé, intelligence, temps, argent, richesses de tout ordre ; *et enfin tout jeu où l'on cherche son plaisir dans les souffrances des bêtes ou dans celles des hommes.*

Il est grand temps de dénoncer comme immoral, et anti-social au plus haut chef, *tout jeu d'argent*, quels que soient son prétexte ou son occasion : 1º *soit qu'il s'allie à des plaisirs parfaitement légitimes*, tels que les exercices phy-siques ou les jeux intellectuels et de société ; 2º *soit qu'il s'identifie avec le jeu de hasard*, sous toutes ses formes (cartes, jeux de filous, roulette et petits chevaux, loteries) ; 3º *soit qu'il prenne la forme du pari plus ou moins régle-menté*, à l'occasion des courses de chevaux ou des concours de pigeons ; *4° soit enfin qu'il prenne la forme de paris absolument illégaux et faits à l'occasion de spectacles sanglants ou barbares* (courses de taureaux, combats de coqs, concours de pinsons, combats de chiens, etc.).

Pour prévenir des malentendus — provenant de la grande variété de sens du mot *jeu* (1) — nous tenons à marquer fermement notre dessein d'étudier surtout *la part du jeu d'argent dans la plupart des divertissements contemporains.*

Les jeux de bourse — jeu d'argent par excellence cependant — ne rentrent donc pas dans les cadres de ce travail ; et d'ailleurs ils méritent une étude à part.

De l'enquête, encore incomplète, dont nous donnons ici les principaux résultats, ressortira, j'espère, bon nombre d'observations psychologiques, morales, sociales ; mais la plus importante est bien *l'empoisonnement lent et sûr de tous les plaisirs et de tous les jeux contemporains par l'argent.*

CHAPITRE I

Le jeu d'argent
à propos des exercices physiques et
des divertissements intellectuels

A propos des jeux de force, de grâce et d'adresse. — Qui n'aime pas les jeux physiques n'est pas un homme complet. Il faut donc recommander la gymnastique, les luttes de vigueur, de force, d'agilité, les courses et excursions à la montagne et à la mer, les exercices de grâce et d'adresse : (jeux de balle, paume, boules, quilles, etc.). Mais défendons-les, car ils sont menacés, dans les saines joies qu'ils peuvent procurer, d'abord par l'invasion du jeu d'argent, sous la forme selon nous humiliante de prix en

(1) Il y a les jeux d'esprit, les jeux de mots, les jeux physiques, les jeux de société, etc. Toutefois, tout le monde sait que par *le jeu* tout court, il faut entendre *le jeu d'argent* (pari, loterie, jeux de hasard, spéculation ou agiotage).

monnaie, de mises au concours et de paris; puis par l'alcoolisme et la sensualité.

Il n'y a pas de jeux physiques, pas de sports ayant une certaine vogue, qui n'aboutissent à des concours. Jusque-là, pas de mal : et si, aux concours de gymnastique, de cyclisme, de chevaux, voire de boules, de quilles, de billards, etc. l'on n'offrait en prix que des médailles, des lots variés en nature, des couronnes ou des coupes, je n'y verrais absolument que des avantages. *Mais le concours d'argent semble se substituer ou en tout cas s'allier de plus en plus au concours d'honneur.* On bat monnaie avec le mérite et la gloire. On avilit le prix en gain. On ne dit plus comme les athlètes ou les vainqueurs antiques : *j'ai été couronné!* On dit : *j'ai gagné!*

Ceux qui suivent de près les concours de « bouleux, » d'archers, de tireurs, de coureurs, de cyclistes, etc., savent qu'aujourd'hui le concours n'est trop souvent pour la foule des spectateurs ou des joueurs que la mise en train du jeu passionné ou du pari proprement dit.

Le prix — en argent — des concours est l'amorce infaillible des enjeux. Le concours d'argent est l'apprentissage presque fatal du pari.

On ne se doute pas à quel point — pour prendre des exemples précis dans le Nord — certains jeux d'adresse, le tir au fusil, le tir à l'arc, le tir à l'arbalète, le jeu de flèchettes, les jeux de boules — innocents en eux-mêmes, très hygiéniques et bienfaisants, passionnent *uniquement pour la question d'argent et de pari* des milliers d'hommes et de jeunes gens.

Parmi les dix mille tireurs à l'arc ou à l'arbalète du département du Nord (ce chiffre est au-dessous de la réalité) combien peu jouent surtout pour la raison hygiénique ou esthétique! Les sociétés des archers (ayant statuts, cotisations, concours, bannières, fêtes, — surtout celle de la St-Sébastien) logent presque toutes dans des estaminets. Et c'est une première constatation qui nous gâte ces jeux : *on y boit beaucoup!*

Ma seconde observation, la voici :

Sans qu'il y paraisse, ces jeux de tir finissent par coûter fort cher aux amateurs, surtout aux ouvriers; d'abord, il y a un droit d'entrée; puis, *on joue au moins les consomma-tions*. Des ouvriers m'ont affirmé que la somme moyenne dépensée par un amateur par dimanche, à ces jeux-là, est bien de 2 ou 3 francs environ, qu'empochent naturelle-ment les cabaretiers, quels que soient les gagnants! Mais cela ne compte pas, *et il est entendu que jouer les consommations, ce n'est pas à proprement parler jouer*. On ne s'en tient pas là — et c'est ma troisième constatation — on parie des sommes considérables à ces sortes de concours d'adresse, encore une fois légitimes en eux-mêmes, mais dangereux par l'abus et même l'usage du pari. Toutes les semaines, des tireurs consacrent entre 4 et 15 francs à ces sortes de paris.

Il en est de même des jeux de fléchettes très en vogue dans la jeunesse populaire. *La boisson, la mise* et *le pari* — soit individuel, soit collectif — en sont encore les stimu-lants obligés.

J'entends les objections. Ne faut-il pas encourager, pas-sionner les concours d'adresse? Vous allez tuer, avec votre puritanisme, tous les exercices physiques! — Je proteste. L'argent serait-il donc l'unique enjeu et n'y a-t-il pas moyen de s'amuser et de se perfectionner sans dévaliser son prochain? L'adresse, la beauté physique, l'art, ne se suffisent-ils pas à eux-mêmes? N'est-ce pas calomnier un tireur de première force, un habile gymnaste, un ama-teur authentique de sport physique, que de faire dépendre son application et son plaisir d'un pari ou d'un enjeu monnayé?

Loin de stimuler les jeux physiques, l'argent des paris et même des concours les déshonore au contraire et leur enlève cette belle couronne de désintéressement qui sied si bien à des fronts jeunes. Est-ce que, je vous le demande, sur la terre classique des jeux gymniques et d'adresse, de ces jeux olympiques ou isthmiques, où la Grèce entière se donnait rendez-vous, les beaux et jeunes athlètes couraient dans le stade ou rivalisaient aux diverses épreuves... *pour de l'argent?* Non, ils rêvaient tous d'obtenir une simple cou-ronne de laurier ou de pin! Ce symbole de gloire, bien légitime, puisqu'il ne faisait tort à personne, leur suffi-sait. Aussi le génie d'un Pindare pouvait-il sans arrière-pensée chanter en des odes immortelles, la pure gloire des vainqueurs! Aurez-vous, hommes et jeunes gens du XXᵉ siècle, moins de tempérance, moins de désintéressement, moins d'idéalisme dans vos jeux que les antiques hellènes? Nous ne voulons pas le croire. Mais alors il faudra veiller à vos mœurs de jeu!

*

A propos de jeux intellectuels. — Qu'on nous permette de nous expliquer aussi quelque peu sur cett catégorie de divertissements. *Les jeux d'esprit* (jeux de société ou petits jeux, énigmes, charades, logogryghes, rébus); *les jeux de calcul ou de combinaison* (échecs, dames, dominos, et autres jeux de patience) ne sauraient être condamnés en eux-mêmes. Ils ne sont pourtant pas absolument inoffensifs dans la pratique; et dussions-nous paraître bien sévère, nous croyons que les jeunes gens des deux sexes pas plus d'ailleurs que les adultes, ne doivent abuser de ces jeux-là. Ils offrent à des degrés divers, il est vrai, bien des inconvénients : tous prennent beaucoup de temps pour pas grand chose; la plupart exigent une excessive dépense de force nerveuse (les échecs par exemple) et produisent non de la détente mais une fatigue considérable; beaucoup retiennent dans des locaux fermés, surpeuplés ou enfumés, les gens du peuple qui s'y adonnent; s'il y a plus d'air, de lumière et de confort dans les salons et les cercles bourgeois, le danger du plaisir en chambre, sans exercice et sans grand air, demeure pourtant réel.

Tous, ou presque tous enfin, amènent les joueurs au jeu d'argent et de hasard. On commence par l'esprit, et l'on finit vite par la chair.

Encore, quand on ne « joue la partie » (cette expression courante est déjà significative) qu'aux échecs, aux dominos, aux dames, le mal n'est pas très grand, parce que ces jeux sont lents et le calcul y atténue les dangers du hasard ou des grosses pertes d'argent. On cite toutefois des joueurs d'argent aux échecs, aux dominos, aux lotos, qui dépassent toute mesure.

Osons le dire nettement, dussions-nous passer pour un

trouble-fête, pour un espèce d'Alceste social : nos divertissements intellectuels ou de société, si légitimes en eux-mêmes, absorbent certainement, à l'heure actuelle, beaucoup trop de temps, beaucoup trop de force nerveuse, voire indirectement beaucoup trop de force physique et d'argent. Nous pourrions étayer ces affirmations sur de nombreuses preuves. — Si l'enfance et la jeunesse peuvent se livrer modérément à ces sortes de distractions, les travailleurs manuels ou intellectuels n'en ont pas besoin. Il ne faut ni les condamner, ni les glorifier : seulement en user modérément. L'humanité n'a rien de trop, et le gaspillage lui est moralement interdit. La variété des occupations suffit à peu près à son repos. Et l'homme mûr, l'homme normal, *l'homme social* ne fera qu'une petite place à ces jeux dévorateurs d'argent, de temps, de cerveau et de travail fécond que l'on nomme les jeux de salon ou de société.

Par contre, nous recommanderons toutes les formes de jouissances intellectuelles et esthétiques, qui nous délassent, nous reposent et nous élèvent vraiment : les morceaux d'art et de littérature, les belles exécutions musicales, les visites aux musées, les grands spectacles dans la mesure où les pièces sont d'une inspiration sûre, d'une haute portée morale et sociale, ce qui est assez rare.

La recherche des émotions est l'âme même du jeu, et nous en avons tous un irrésistible besoin : mais moralisons, ennoblissons cet immortel instinct de notre race. Loin de le comprimer, satisfaisons-le, mais en le faisant servir à l'épanouissement normal de notre imagination, de notre intelligence et de notre cœur.

CHAPITRE II

Jeu de hasard, ou jeu proprement dit

On distingue — peut-être assez arbitrairement — 1º *les jeux de pur hasard,* ou en tout cas ceux où le hasard domine (1); 2º et *les jeux mixtes* (2), c'est-à-dire ceux où l'on marie habilement pour les corriger l'un par l'autre, le calcul et le hasard.

Le Code est sévère et prohibitif pour les premiers, fort indulgent pour les seconds. La jurisprudence de la Cour de cassation a même eu des tendresses d'exception pour ces derniers. Aussi bien sont-ils très recherchés, par leur

(1) Dans cette catégorie, nous devons placer le *pair ou non,* les dés, le creps, la roulette, le loto, les loteries, et surtout certains jeux de cartes prohibés : par exemple, le lansquenet, prohibé par Louis XIV, et qui a repris depuis 1848, le passe-dix, le baccarat, le pharaon, le vingt-et-un, etc...

La police a réussi à faire tomber quelques-uns de ces jeux : « la bassette, » interdit en 1891, le biribi, le brelan, le jeu de l'hombre, etc.

(2) Dans cette deuxième catégorie, on peut ranger des jeux tels que le trictrac, les dominos, et la grande majorité des *jeux de cartes :* le boston, la bouillotte, l'impériale, l'écarté, le mariage, le piquet, le whist, et aujourd'hui le poker, jeu américain qui prend chez nous une influence de plus en plus néfaste. J'ai sous les yeux un traité complet du jeu de poker, où se trouve une analyse des règles du jeu, le calcul des probabilités et « une étude sur *la science du poker.* » *Le Figaro* l'a baptisé « le jeu des grandes émotions. »

On lit dans ce traité qu'il faut « avant tout et par dessus tout savoir se composer un visage et un aspect impassibles dans le gain comme dans la perte, dans le bluff comme dans le jeu plein. »

« Celui-là sera joueur de poker parfait qui alliera à l'étude des combinaisons mathématiques et des probabilités morales, la physionomie et les mouvements d'un automate. »

Le jeu est une école de dissimulation.

relative innocuité légale, et aussi parce que les émotions du calcul et de la prévision savante, s'allient aux vives, voire voluptueuses secousses du sort ou de la chance, — de façon à donner le maximum de plaisir.

*
* *

1° Les jeux de cartes. — De tous les jeux de hasard, je pense bien que ce sont les plus répandus. Grâce aux fameux 32 morceaux de carton, des millions d'hommes en ce monde, mettent toute leur puissance de réflexion et toute l'ardeur de leur espérance, pendant d'innombrables heures (on frissonne en songeant à tout le temps perdu ainsi), sur la superficie du petit tapis vert! Les joueurs se recrutent d'ailleurs dans toutes les classes, dans tous les partis. Riches et pauvres sont également mobilisés par l'armée du jeu.

Autrefois, c'étaient les grands seigneurs ou les rois — les Charles VI (pour qui, dit-on, les cartes furent inventées) les François I, les Henri IV (« âpre au gain, timide aux grands coups » dit un de ses historiens), les Louis XIV et les Louis XV, qui jouaient l'or avec toutes leurs cours (1). Aujourd'hui le tripot, le cercle, le café ont remplacé avantageusement « le coupe-gorge » royal. Le jeu s'est démocratisé.

Quand on songe aux sommes folles qui se dépensent aux cartes, aux passions infécondes qu'elles excitent, aux querelles et aux rixes qu'elles engendrent tous les dimanches dans les estaminets, à la boisson qu'elles font consommer, aux superstitions et à la mentalité chimérique qu'elles

---

(1) On cite le fils d'Agrippa d'Aubigné qui changea de religion pour payer ses dettes, Madame de Montespan, qui perdit un soir 8 millions. On connaît ce passage de Mme de Sévigné : « J'ai vu à la cour 1.000 louis répandus sur le tapis, il n'y avait plus d'autres jetons. Les poules étaient au moins de 5, 6 ou 700 louis, jusqu'à 1.200. On joue des jeux immenses à Versailles. Le Hoca (sorte de jeu) est défendu à Paris sous peine de la vie, et on le joue chez le roi : cinq mille pistoles avant dîner, ce n'est rien. C'est un vrai coupe-gorge. »

créent ou entretiennent, on ne peut les considérer que
comme *un fléau social* de la pire espèce.

Le jeu de cartes exerce une vraie tyrannie dans le monde.
Il fait vraiment partie des pouvoirs publics. Il est roi, il
est dieu. Il a ses fidèles qui le servent jour et nuit, invo-
quent sa grâce mystérieuse, lui offrent leur argent, leur
temps, leur pensée, leur cœur et jusqu'au pain et aux larmes de leur famille; parfois, quand il a totalement retiré
sa faveur, ses adeptes désespérés ne comprenant plus la
vie, s'immolent eux-mêmes sur son autel.

Notons quelques-uns des méfaits de ce jeu.

J'ai connu un joueur, père de famille et bon travailleur
avant sa passion, qui en était venu à jouer *toute sa semaine*,
livrant ainsi femme et enfants à la plus noire misère. Il
jurait parfois que çà ne le reprendrait plus... Mais çà le
reprenait toujours. Cette famille est tombée à la mendi-
cité : *le jeu d'argent affame les familles.*

J'ai encore connu un jeune homme, membre associé
d'une Association chrétienne, qui joua le soir d'une belle
fête de jeunesse (et s'il vous plaît, après une éloquente con-
férence de Ch. Wagner sur « Sois un homme! ») tout
l'argent qui lui avait été confié pour payer le banquet de
la fête. Je ne raconterai pas tout le drame qui suivit, comment le joueur essaya de fuir, puis de cacher la vérité, puis
d'accuser autrui, puis de s'excuser. Toute la psychologie
savante d'une chute y a passé. La discrétion, la douceur,
la patience, l'amour vigilant d'une mère, et je dois dire
aussi la prière ont permis le relèvement définitif du jeune
homme. Mais l'expérience m'a prouvé que *le jeu d'argent
détraque l'âme et trouble profondément toutes les facultés
morales.*

Pour ceux qui en douteraient, il faut entrer dans les
détails, si répugnants qu'ils soient. J'avais bien lu quelque
part qu'un vénitien joua sa femme, et Zola nous a fait de
main de maître, en observateur documenté, le portrait de
la joueuse par excellence, de cette baronne Sandorff qui
commence par la spéculation et finit dans la boue. Mais il
y a pire encore. J'ai surpris à Nîmes, parmi mes camara-
des de lycée, le secret d'infamies, révélant le lien intime

entre le jeu et la prostitution. J'ai dù apprendre, dans des conversations courantes, tout ce qui se trame d'ignoble, tout ce qui se boit d'alcool et tout ce qui se joue d'argent dans les maisons de débauche que fréquentait une partie de cette jeunesse bourgeoise... Je ne puis entrer ici dans le détail trop écœurant. Qu'on sache seulement que les ressources pécuniaires étant parfois insuffisantes, l'enjeu de certaines parties de cartes, c'était directement une créature humaine (1). Je n'oublierai jamais l'impression de dégoût que fit sur mon âme cette alliance diabolique du jeu de hasard et de la débauche précoce ; et je n'ai pas encore compris, même après dix-sept ans d'expériences et d'études, comment une jeunesse, j'allais dire une enfance studieuse, pouvait en venir à ce degré d'intense dépravation.

*
* *

Qui pourra jamais évaluer les millions qui se jouent aux cartes ? Le budget de ce jeu dans le monde doit être fantastique. Pour la France, il ne doit pas être inférieur à un demi milliard par an (2).

(1) Est-ce que gagner la partie, là, ce n'était pas perdre littéralement tout : argent, temps, santé, honneur ?

Voir l'ouvrage classique du Dr Fiaux : *Les maisons de tolérance.* Ce vaillant champion de l'abolitionnisme y démontre irréfutablement, par des faits nombreux, l'alliance constante du jeu et de la prostitution... Mais quand on a connu de près les victimes et qu'on a étudié ensemble, l'impression est autrement formidable que quand on lit ces choses dans les livres. — Où sont les hommes pour la grande croisade moralisatrice et révolutionnaire qui s'impose ?

(2) Si l'on songe qu'il y a environ 500.000 estaminets, cafés, débits ou cercles, et si l'on évalue à 25 le nombre moyen des joueurs de cartes par semaine et par estaminet, et à un franc seulement la moyenne hebdomadaire risquée par chaque joueur, on arrive au bout de l'année au chiffre de *650 millions de francs* risqués au jeu de cartes. Il est évident que ces évaluations sont bien au-dessous de la réalité ! Ce n'est guère que l'estimation de ce qui se joue dans le peuple. Car enfin, il y a le jeu dans les maisons privées, qui échappe à toute appréciation. Il y a le temps perdu et que le joueur ne regagne jamais. Et qui saura

On m'a cité des riches de Roubaix qui en une nuit, aux cartes, ont joué un ou deux millions. D'autres industriels ont été ruinés en jouant des billets de mille.

Ces exemples-là font autant de socialistes que les discours des révolutionnaires. La classe des employés, dit-on, est particulièrement atteinte par la passion. On m'a affirmé que les ouvriers jouent surtout les consommations... et quelquefois aussi leurs gros sous, mais ce n'est peut-être pas eux qui jouent le plus d'argent. On remarquera que *la boisson va toujours avec le jeu*, et cela du haut en bas de l'échelle sociale. Nous devrions tirer de cette observation quelques conséquences pratiques pour l'organisation de la lutte morale. Les ligues anti-alcooliques devraient aussi et toujours être des ligues contre le jeu.

*
* *

Ce n'est pas tout. Le jeu d'argent engendre une forme spéciale, odieusement habile et hypocrite, du mensonge : *la tricherie.*

Les joueurs malheureux deviennent, dans une proportion considérable que d'aucuns disent mathématique, des « grecs. » La tentation est si forte, les moyens si nombreux et si faciles ! (1)

ce qui se joue dans les milieux riches? Nous devons dépasser de beaucoup le milliard !

Il est vrai que tout cet argent profite aux estaminets, qu'il fait partie du budget de l'alcoolisme ou... de la débauche. *Un argent risqué au jeu est toujours un argent gaspillé.*

(1) Ici encore, nous nous sommes documenté pour permettre à nos lecteurs de faire campagne avec nous, et pour leur prouver à quel-point les jeux d'argent sont devenus un fléau social.

Dans *le Messager de Bruxelles* du 5 décembre 1900, nous relevons ce fragment instructif sur *la tricherie* :

Une revue rapide est instructive, au moins pour ceux qui se sont exposés à y être pris. On peut employer entre autres *la portée, le montage de coup, le filage, la séquence et le change.*

Procédés de grecs. — *La portée* ne demande aucune étude préalable; il suffit d'ajouter au jeu que l'on tient dans la main gauche *une*

Il y a même une vaste corporation internationale de tricheurs, connue de la police, et mettant en coupe réglée les capitales, les villes d'eau, etc. Encore ici, comme dans la question de réglementation de la prostitution, comme dans la question de la guerre, comme dans toutes les questions morales et sociales d'aujourd'hui, *le mal se révèle international, et devra être combattu internationalement autant qu'individuellement et nationalement.*

portée d'un ou de plusieurs coups préparés d'avance. Malgré sa simplicité, ce procédé n'est guère en grand usage, parce que le banquier qui l'emploie laisse forcément, par l'augmentation du nombre des cartes jetées au panier, *une preuve matérielle de sa culpabilité.*

Le montage de coup exige plus de doigté : il faut préparer, en mêlant les cartes, jusqu'à trois abatages de 9; après quoi, le jeu ainsi disposé, donner à couper et faire sauter la coupe.

Pour le filage, on prend dans le paquet, de la main gauche, la seconde carte au lieu de la première, quand celle-ci ne complète pas le point voulu.

La séquence consiste à disposer un ou plusieurs jeux de cartes dans un ordre que ne puissent modifier un mélange superficiel ni la coupe; procédé coûteux, puisqu'il exige *l'achat, par le banquier, du tenancier qui a les cartes en garde et du croupier qui feint de les mêler;* procédé peu sûr, puisqu'un ponte méfiant peut déranger toute la combinaison en opérant lui-même un sérieux mélange.

Le change est réservé aux habiles entre les habiles, capables de substituer le jeu séquencé qu'ils ont dans leur poche à celui que vient de leur remettre le banquier.

Cela peut sembler très compliqué, bien que ce soit l'a b c du métier; mais il paraît qu'il suffit d'un peu d'habitude. Et puis, pour le grec professionnel, le risque est mince : *l'expulsion, c'est-à-dire un peu plus que le scandale;* — et l'on peut aller recommencer ailleurs, partout où il y a des fils de famille à dépouiller.

Les cartes marquées et la télégraphie. — En mars dernier, la presse parisienne signalait ainsi à mots couverts un de ces esclandres que l'on s'efforce d'étouffer dans les grands cercles, parce qu'un discrédit en rejaillit sur tous les membres : *il s'agissait d'un vol « à la tacre marquée » et « à la télégraphie. »* Qu'est-ce que cela, se dira-t-on? L'explication s'en trouve dans *l'Art de gagner à tous les jeux; supercheries des Grecs dévoilées,* du fameux escamoteur *Robert Houdin.* Les cartes marquées portent au dos un ou plusieurs points, d'un relief imperceptible, placés à des endroits de convention. Ces points, vus de près, se confondent avec le fond de la carte.

Au « baccara, » par exemple, où la valeur des cartes a seule un intérêt, le pointage est très restreint, et l'opération relativement facile. Mais dans les jeux où non seulement la « valeur, » mais aussi la « cou-

.·.

2° Jeux de foires, de frontières et de filous. —
Il y en a une grande quantité en France : notre devoir est
d'en signaler quelques-uns aux autorités.

Nous avons, dans le Nord, près des frontières belges,
une collection de jeux de hasard, exploités par des filous, et
qui prospèrent malgré ou à cause de la faible surveillance

leur » des cartes est intéressante, le pointage se complique de combinaisons diverses.

Étant donnée une carte quelconque, on la divise, idéalement, en huit
parties dans le sens vertical, et en quatre dans le sens horizontal. Les
parties horizontales indiqueront la couleur des cartes et les parties
verticales leur valeur. Quant à la marque, indicatrice à la fois de la
valeur et de la couleur, elle se place au point d'intersection de ces
divisions.

	As	Roi	Dame	Valet	Dix	Neuf	Huit	Sept
Cœur...								
Carreau.								
Trèfle...								
Pique...								

Ainsi le point placé à l'intersection de la ligne horizontale carreau et
de la ligne verticale dame indique la « dame de carreau » et ainsi de
suite.

Pour se reconnaître dans ces complications de pointage, il faut une
dextérité merveilleuse, mais bien d'autres choses en exigent tout
autant.

Quant à la télégraphie, pour s'en servir, il faut avoir, du côté de

de la police. Nous citerons surtout : le *bonneteau* (qui se joue avec 3 cartes), le *posez-marquez* (jeu de dés portant des figures), et le *jeu de râfles* (jeu à 3 dés portant des nombres, et qui se joue dans les coins de rues et dans les carrefours). Nous avons causé de ces jeux où le hasard n'est corrigé que par la filouterie la plus éhontée, avec une centaine de jeunes gens à l'un de nos vendredis soirs, à la « Solidarité » de Roubaix. Et nous pouvons affirmer après cette enquête, que ces jeux sont assez répandus et font passablement de victimes précisément parmi les plus pauvres ouvriers et

l'adversaire, *un complice*, *un comtois*, *en terme d'argot*. Les signaux, dont il est convenu par avance avec son compère, sont si bien envoyés, que personne ne s'en aperçoit.

Si le comtois regarde son associé, il désigne un roi; le jeu de l'adversaire : une dame; l'enjeu : un valet; le côté opposé : un as.

Et, en même temps qu'il indique la nature des cartes, il indique les couleurs par les signes suivants :

La bouche légèrement entr'ouverte : cœur; la bouche fermée : carreau; la lèvre supérieure ramenée légèrement sur la lèvre inférieure : trèfle; la lèvre inférieure ramenée sur la lèvre supérieure : pique.

Il y a mille variétés de « télégraphie » applicables à tous les jeux. Il faut ne rappeler que pour mémoire le coup du cigare fumé d'une certaine façon et celui de la bonbonnière ou de la tabatière où se réfléchissent les cartes lorsqu'elles passent par-dessus.

Le « tarot » et le « contre ». — Très curieux aussi est le coup du *tarot.*

Dans le *tarot* (on appelle ainsi la grisaille en compartiments qui décore le dos de la carte) une centaine de jeux sont décachetés et triés par un praticien, qui profite des irrégularités distinctives du *tarot* pour distinguer les cartes dont les petits ronds ont été fortuitement coupés en deux par le rognage et celles dont les petits ronds sont intactes.

Quand cette opération a été convenablement faite, il devient facile au joueur prévenu de distinguer les cartes fortes des faibles, et même d'établir plusieurs catégories, — toujours l'habitude aidant.

Dans une campagne contre les jeux, ou, si l'on préfère, contre les grecs, le *Temps* a autrefois décrit l'existence d'une autre combinaison qui suppose une entente entre l'administration d'un cercle et tel banquier pratiquant la séquence ou une entente entre cette administration et tel ponte gagnant grâce à elle, à coup sûr, pour partager ses bénéfices avec elle : *c'est le contre.* Les cartes des initiés sont séquencées de telle façon que la dernière distribuée par la banque indique, sans erreur possible, si le coup suivant sera gagné par le banquier, par le tableau de droite ou par celui de gauche. Comme on le voit, c'est le guet-apens, le coupe-gorge dans toute sa simplicité.

les plus ignorants. *Les autorités devraient intervenir plus vigoureusement, pour faire respecter la loi sur les jeux de pur hasard.*

3° Les jeux de la roulette et des petits chevaux. La question des maisons de jeu et de Monaco. — Encore un monde à explorer! Dans toutes les grandes villes, dans les casinos des villes d'eaux et de plaisir, l'exploitation industrielle des jeux de hasard est savamment organisée de manière à éviter les rigueurs des Codes interdisant toutes les maisons de jeu (1). On sait qu'il y a deux systèmes en présence : *celui de la prohibition absolue,* qui est le vrai, le seul efficace, le seul légal; *et celui de la réglementation des maisons de jeu,* qui est le système bâtard, illégal et immoral que l'on semble vouloir appliquer un peu partout (2). En

(1) Les foyers de jeu les plus connus de notre Europe occidentale sont : Monaco, Nice, Menton, Cannes, Trouville, Vichy, Aix-les-Bains, tous les casinos des villes d'eaux, tous les grands cercles des villes; en Suisse : Montreux, Genève, Interlaken, Lucerne, Baden, Thoune, et du reste tous les kursaals et casinos; en Belgique : Namur, Ostende et Spa. Le Sénat belge a discuté le 7 juin dernier le projet de loi sur les jeux. Les articles 1er, 2me et 3me du projet de la Chambre, qui atteignait les joueurs eux-mèmes a été repoussé par 53 voix contre 28. Il parait qu'on a exercé une pression énorme sur la conscience de pas mal de sénateurs. On a voté presque à l'unanimité l'article du projet interdisant l'installation des jeux de hasard et punissant de 8 jours à 6 mois de prison et de 100 à 5.000 francs d'amende les exploiteurs de jeu : mais le Sénat a capitulé en votant l'art. 8 du projet (par 41 voix contre 35) qui accorde aux villes de Spa et d'Ostende — deux résidences royales — le privilège des jeux jusqu'en 1903! « Il parait, dit *le Messager de Bruxelles,* qu'une résidence royale en Belgique ne se conçoit pas sans tripot. Ça fait partie, sans doute, du prestige de la royauté. » Disons que les socialistes et quelques libéraux (assez rares hélas!) ont voté contre les tripots.

(2) Voir le remarquable article sur « les maisons de jeu en Suisse, » dans la *Revue de morale sociale* (septembre 1900), par V. Rossel, Berne.

Suisse, l'art. 35 de la Constitution fédérale interdit les
maisons de jeu. Mais le Conseil fédéral, en 1887, a interpr-
prété son devoir comme suit : « Il (le Conseil fédéral) part
de l'idée que l'on doit fermer tout établissement public
dans lequel le jeu est exploité sur une grande échelle. » —
Sur une grande échelle! Savourez cela, je vous prie! Cela
veut dire que l'observation de la loi n'est qu'une question
de mesure; que l'on peut escalader les Codes et les violer
sur une petite échelle, avec le consentement écrit des autorités. Et qui nous dira où commence et où finit la grande
échelle, quand il s'agit de la roulette, des petits chevaux
et autres jeux de hasard? La vérité, c'est que les entreprises de jeux sont devenues en France, en Suisse, en Belgique et ailleurs, de telles puissances que partout, l'État se
croit à tort ou à raison, incapable de les supprimer, c'est-
à-dire d'appliquer la loi. Et alors, comme pour la prostitution, comme pour l'alcool, il cherche à réglementer le vice,
et à transiger avec lui, ce qui donne à ce dernier une sorte
de consécration officielle. L'État devient ainsi peu à peu
patron de jeux, par une sorte d'organisation de *police des
jeux*, de même qu'il s'est fait *patron de la prostitution*,
par l'organisation illégale et immorale de la police des
mœurs.

Mais alors, m'objectera-t-on, vous êtes pour *le tout ou
rien?* Parfaitement. La loi nous suffit : nous demandons
son application intégrale. Pas de coulisses policières derrière l'auguste scène de la loi !

Vous faites alors du jeu, m'objectera-t-on derechef, un
délit? Prenez garde, l'État moralisateur, c'est l'État inqui-
siteur, c'est bientôt l'État tyran. Et où s'arrêtera-t-on ? —
Nous renions absolument *la théorie du jeu-délit*, tout
comme nous repoussons de toutes nos forces la prostitution-
délit, le mensonge-délit, etc.

Mais nous distinguons très nettement entre le jeu, la
prostitution, le mensonge, etc., *en tant que purement
privés*, — et ces mêmes vices *dès qu'ils se socialisent, dès
que leurs causes ou leurs manifestations deviennent publiques* (par exemple, par le racolage, la maison publique ou
clandestine, la provocation organisée ou systématique sur
la rue, par affiches, annonces, etc.).

Le vice individuel qui reste individuel relève de la seule conscience. Mais le vice qui prétend contagionner l'humanité et revêt un caractère public — que cette publicité soit avérée ou clandestine — relève de la loi.

Nous pensons donc, au point de vue de la législation qui régit les maisons de jeu, que nous devons réclamer *l'application intégrale de l'article 410 du Code pénal* (interdisant les maisons de jeux de hasard), article applicable d'après la Cour de cassation (1er août 1861) « aux maisons de jeux de hasard existant dans des auberges, cafés ou cabarets, etc. » — Il serait également urgent, quoique l'entreprise soit colossale, d'entreprendre une campagne contre la réglementation des jeux, des loteries, du pari mutuel, de la spéculation à terme, etc... réglementation qui crée une sorte de législation honteuse et de contrebande à côté et au-dessus de la législation véritable. Les États ne doivent être ni proxénètes, ni patrons de jeu, ni bookmakers, ni exploiteurs de loteries. Et ceux qui réglementent les mœurs immorales et illégales d'un peuple sont mûrs pour l'anarchie et la décadence.

MONACO

Nous devons à Monte-Carlo une place à part et même une grande place dans l'étude des maisons de jeu. Elle en est l'idéal. Sur le rocher des Grimaldi, dans cette incomparable presqu'île de la Côte-d'Azur, est installé le célèbre palais des jeux de Monaco, l'une des plus grandes hontes de l'humanité.

Il paraît que dans cet ancien repaire de brigands et de pirates — qui ne s'est transformé que pour faire un brigandage plus sûr, plus fructueux et plus luxueusement immonde — le prince de Monaco, au milieu du XIXme siècle, ne faisait pas ses affaires : à peine sa maison de jeu lui rapportait-elle 50.000 francs. Mais *M. Blanc*, exploiteur de jeux à Hambourg, intervint auprès de Charles III et obtint carte blanche. « Alors sur le plateau inculte baptisé du nom du souverain, Monte-

Carlo (Mont Charles), s'éleva comme par enchantement
sous la baguette de fée du bailleur de fonds un somptueux
palais de jeu, avec salle de lecture et hôtel ; un magnifique
jardin anglais fut créé en même temps tout autour de la con-
struction de marbre réunissant les essences les plus rares
et les plus précieuses, alliant les splendeurs de la flore tro-
picale aux richesses de la flore d'Europe... Enfin tout fut
si bien disposé pour plaire et enchanter dans le nouvel
Eldoraldo que Garnier, l'architecte de l'Opéra, fut appelé
de Paris et construisit une salle de spectacle unique au
monde par la richesse de ses moulures et de ses fresques,
ses peintures savamment exécutées et toutes signées
d'artistes de talent. Et, sous le ciel d'élection de la Méditer-
ranée, il fit si bon vivre dans l'Éden improvisé que les
joueurs, les flâneurs et les riches désœuvrés, y accoururent
à l'envi de tous les points du globe (1). »

(1) « La question de Monte-Carlo », feuilleton du journal
le Chrétien français, article de M. Belz de Villas.

Nous avons beaucoup profité pour notre documentation sur
Monaco, de cette remarquable étude que nous voudrions pouvoir publier in-extenso.

On nous montre la part que les Jésuites, tout puissants à la
cour de Charles III, ont prise dans le succès de la nouvelle
maison de jeu. Ce succès est dû aussi au fait de la suppression des jeux de hasard publics en Allemagne et en Suisse (de
Baden-Baden, de Hambourg, de Saxon-les-Bains, etc.). — M. Belz
de Villas demande à l'État plus de logique : Puisqu'il tolère
la prostitution réglementée et qu'il en tire profit, puisqu'il
tolère des courses de chevaux et qu'il réglemente le pari mutuel,
le jeu aux courses, — « pourquoi *a fortiori*, ne pas soumettre à
l'impôt les jeux publics de Monte-Carlo? » Pourquoi?

— Parce que Monaco est terre libre? — Mais la principauté
est bel et bien *sous le protectorat français*, relevant des tribu-
naux de Nice. Pourquoi Monaco échapperait-il aux impôts de
jeux prélevés par la France en Annam et au Cambodge?

— Parce que nul n'entre que sur sa demande au *Cercle des
étrangers de Monte-Carlo?* — Mais la carte rouge de membre
du Cercle susdit est échangée contre une simple carte de
visite : et l'admission aux salons de jeu n'est qu'une formalité.

Ce qui frappe tout honnête observateur qui entre dans la
salle mauresque du Casino, c'est « à travers le mélange bizarre

Quel est le public spécial qui fréquente surtout ce tripot?
On nous répond : « Filles déchues guettant le joueur heureux, prêteurs sur gages, professeurs variés de systèmes pour gagner, proxénètes, chevaliers d'industrie, faillis, filous avérés, etc. »

Comment se fait-il qu'un prince qu'on dit savant et qu'on vient de décorer supporte le poids de toute cette honte?

— Ah ! c'est que tout cela rapporte gros. En 1897, nous dit M. Gide, « le prince de Monaco a renouvelé (au palais des jeux) son bail pour une période de 50 ans, moyennant 32 millions payés d'avance, plus une part de 5 % dans la recette annuelle brute au-dessus de 25 millions de francs. La maison de jeux a quelques frais, il est vrai; non seulement elle a à entretenir le prince et la princesse et leur cour, mais encore tous les journaux à qui elle distribue 500.000 francs par an, pour qu'ils restent muets » (1).

Voici d'autres renseignements précis :

La liste civile du prince a été portée de 300.000 fr. à 1.200.000 fr. puis à 1.750.000 francs et la caisse paie l'administration, les carabiniers, voire le clergé et son évêque, Mgr Theuret.

« *La Société des bains de mer* » (c'est sous ce nom qui n'a l'air de rien qu'on exploite les jeux) émit d'abord 100 actions de 200.000 francs. Les actionnaires étaient : Edmond Blanc, fils du fondateur, et le prince Radziwill, un gendre, 190 parts ou 1.900 actions, soit 38 millions. Le prince Roland Bonaparte, autre gendre, 110 parts, soit 22 millions; les deux fils naturels du père Blanc, Charles et Camille, et le prince de Monaco, 20 millions; le gouverneur général de Monte-Carlo, 4 millions; la Caisse du crédit de Nice, 2 millions; le comte de Bertora, 6 millions; à certaines

des conditions sociales, la morne solennité des tables de jeu », « l'*inégalité* de la lutte entre la banque et les joueurs, » la certitude mathématique avec laquelle la banque procède à la dévalisation des pontes. »

Nous allons plus loin que M. B. de Villas : nous n'admettons que la suppression pure et simple des maisons de jeu.

(1) Ch. Gide. *Les jeux d'argent*, brochure.

notabilités de la presse et de la politique, 30 millions. Soit un capital social d'environ 100 millions « qui se réduirait à zéro si le tripot de Monte-Carlo venait à être fermé pour la France qui seule a droit sur ses agissements » (1).

Sensualité. — Jamais la solidarité du jeu et de la débauche n'a été plus manifeste qu'à Monaco. La sensualité n'est-elle pas la mère commune de ces deux passions? M. Blanc, en fondant son tripot, n'a pas manqué — en habile psychologue qu'il était — d'entretenir à Menton, à Cannes, à Nice, des racoleuses de joueurs, 2.000 filles de joie et de proie qu'on a appelées « son escadron volant. » Bientôt, ces femmes ont pu se suffire, et vivre sur les chances des clients. Les cercles de jeux, les villes d'eaux, attirent toujours la clientèle spéciale des demi-mondaines (2).

Suicides. — Ce n'est pas tout. Il y a du sang sur tout cet Eldorado : les suicides y sont très fréquents, malgré le soin qu'on mette à les cacher. M. Beltz de Villas écrit : « Il faut compter tous les ans de *200* à *300* suicides. De 1877 à 1885 un Mémoire adressé par le Comité international aux gouvernements de l'Europe indignés en relatait 1.820, rien que dans la principauté. »

La maison, elle, est plus modeste dans ses appréciations;

(1) Article cité de M. Belz de Villas. Autrefois le silence de la presse sur les suicides coûtait 750.000 francs. M. Draussin (*Signal* du 9 mai 1901) donne d'après le *Daily Telegraph* des renseignements encore plus récents : « *Les actions de la Société des Bains de mer et du Casino ou Cercle des étrangers de Monaco*, (car on a une enseigne vertueuse), *valaient 500 francs lors de sa reconstitution en 1883*. Elles valent aujourd'hui *3.680 francs. Les recettes de l'an dernier ont été inférieures de 75.000 francs à celles de l'exercice précédent*, peut-être à cause de la guerre du Transvaal, qui a quelque peu dérangé les Anglais de leurs habitudes. Mais ce chiffre est une bagatelle dans l'affaire. *Le trente-et-quarante et la roulette ont rapporté, au total, 23.125.000 francs, auxquels il faut ajouter 750.000 francs, produit des diverses propriétés de la Société du Casino. Le revenu total de 23.875.000 fr.* se trouve donc un peu inférieur au chiffre de 25 millions atteint dans les meilleures années. »

(2) Voir sur le kursaal d'Interlaken et sur les joueuses, l'article cité de M. Rossel, *Revue de morale sociale*, sept. 1900, p. 359.

elle ne relate que 35 suicides en 1898. Au fond, on ne saura jamais exactement la vérité. Mais tout ce sang crie quand même vengeance.

M. de Marolles, dans *la Corporation*, décrit *le campo infernale*, le champ infernal, situé sur la route de Monaco à Nice, près de la frontière. « *On nomme ainsi le cimetière destiné aux suicidés.* Le nombre en était si grand qu'on a dû les placer en un lieu spécial qu'il faut agrandir chaque année. Ce Campo infernale est situé derrière le Campo santo *(cimetière)*, sur une haute et stérile montagne, d'où l'on voit distinctement les fenêtres du palais princier. Les suicidés qu'on y enterre sont mis dans une boîte formée de quatre planches brutes formant un cercueil grossier qu'on place sur un char étroit, attelé d'un mulet, et conduits après minuit, sans lumière, jusqu'au terrain funèbre où des fosses sont préparées d'avance. Pas un monument, pas une croix, pas un écriteau qui indique le nom des malheureux qu'on enfouit en ce lieu maudit. Un simple piquet noir, sur lequel se détache un numéro blanc, correspond au registre des suicidés conservé à l'établissement de jeu. Quand une famille désire exhumer le cadavre d'un des siens, c'est à la faveur de ce numéro qu'on le retrouve, et qu'on va le déterrer également la nuit. Il y en a *deux mille depuis l'année 1860.* »

Jeux de hasard, exploitation éhontée, prostitution, suicides : est-ce assez complet? La France n'a-t-elle pas le droit et le devoir de résoudre la question de Monte-Carlo?

On prétend que la suppression des jeux amènerait leur installation à San-Remo. Qu'est-ce que cela peut bien nous faire? Si l'Italie veut tolérer un pareil établissement, cela la regarde de se déconsidérer; et puis, ce ne serait pas une raison pour que nous gardions le foyer d'infection pour nous.

On propose — et c'est une solution discutée par M. Beltz de Villas, — « d'imposer la ferme des jeux publics de Monte-Carlo comme dans notre protectorat et dans nos possesions de l'Indo-Chine, » ou encore de « soumettre Monte-Carlo à la loi commune des Casinos de Vichy, Aix-les-Bains, Trouville, etc. » Mais comment ne voit-on pas qu'une telle solution, si elle rapporte 50 millions d'impôts au budget de

la France, régularise, perpétue et sanctionne définitivement l'abomination du tripot? Nous préférons la liberté
honteuse du foyer d'infection, car elle amasse des orages
sur la tête des exploiteurs princiers de Monte-Carlo, à une
réglementation officielle qui serait une reconnaissance
extra-légale du jeu, et la proclamation du « *jeu nécessaire.* »
N'est-ce pas assez pour l'État de nous avoir fourni l'expérience de la règlementation de la prostitution, et d'avoir
propagé ainsi le préjugé si néfaste du *vice nécessaire?*

Quant aux droits de la France, ils sont indiscutables. Le
prince de Monaco était vassal du Piémont jusqu'en 1860.
Depuis la cession du comté de Nice, c'est la France qui
possède tous les droits et devoirs du suzerain. — Au sur-
plus, le petit principicule est enclavé en elle et il est inad-
missible qu'une grande nation consente à garder en ses
flancs un pareil germe de corruption et de mort. Comme
on l'a fait remarquer, « ce sont nos chemins de fer, nos
postes, nos télégraphes, nos douanes, notre poudre, notre
tabac, que l'on voit dans la principauté, » hélas aussi notre
argent! C'est le parquet de Nice qui est appelé à intervenir,
malgré la raison d'État, dans certaines affaires criminelles;
c'est dans nos prisons que sont enfermés les délinquants
du territoire monégasque. Alors!... Il n'y a qu'un pas de
plus à faire, pour obtenir un peu de justice, et nous devons
réclamer à grands cris :

**La suppression des jeux de Monte-Carlo, sous peine
d'annexion définitive de la principauté à la France, pour
raison de salubrité publique (1).**

(1) Nous signalons les articles que M. H. Draussin a écrits tout
récemment dans *le Signal* (9 et 23 mai 1901) sur la question
de Monte-Carlo. Il réduit à néant le moyen de défense qui consiste à dire : « Le jeu est loyal. » Mais, dit-il, « c'est le système
tout entier qui est malhonnête, criminel : c'est le nombre de
« chances » que la banque possède contre chacun des joueurs,
et qui mathématiquement, lui assure une écrasante supériorité. »
Chaque exercice rapporte 25 millions de bénéfices. Ce fait est
à lui seul une preuve irréfutable.

M. Draussin examine également les avantages matériels dont
le tripot serait la source pour la principauté; « et quand ce
serait vrai, il faudrait savoir de quel déchet moral cette prospé-

4° Loteries. — « La Veine » est l'objet d'une religion qui gagne de proche en proche. Et pour satisfaire cette soif de « chance » et de « gain, » on organise depuis fort longtemps des loteries — vraies exploitations publiques que des législations sérieuses devraient absolument proscrire.

Pour quelques gros lots que l'on fait miroiter aux yeux des gogos, des millions d'hommes achètent un ou plusieurs billets. Des journaux spéciaux (1) — tels que *la France du dimanche* — n'ont d'autre but que d'entretenir savamment la passion du jeu par des articles ad hoc, souvent très littéraires et très alléchants. On y rappelle soigneusement et discrètement les fortunes de gros lots. J'ai sous les yeux un de ces articles, intitulé *la Veine* et où l'on raconte « l'histoire charmante » de cet ouvrier peintre, Albert Ferrus, qui vient de gagner le gros lot de 250.000 francs à la loterie des « Enfants tuberculeux; » et l'histoire de « ce chantre de la cathédrale de Limoges, un brave homme du nom de Breuilh, auquel le tirage mensuel du Crédit Lyonnais apporta le 5 mars dernier un lot de 100.000 francs. »

Ce que le public ne voit pas, c'est à quel point il est exploité. Sur 7 millions de billets, à la loterie des Enfants tuberculeux, il y avait 1580 lots, soit un lot pour 5.000 billets! — Et toutes les loteries sont à l'avenant. Des particuliers ou des sociétés ne lanceraient pas des loteries si cela ne rapportait pas gros.

On nous donnera raison sur ce point, mais on conclura peut-être à la nécessité de la réglementation d'État! L'État, patron des loteries, voilà le rêve des joueurs sages et avisés. — Mais c'est encore là une des plus dangereuses théories modernes, que celle des *loteries d'États*, c'est-à-dire des loteries autorisées, surveillées, parfois lancées par eux ; ainsi en Allemagne, en Autriche, en Suède, en Danemark,

rité se paie. » — Il paraît que Monaco a fait tâche d'huile : les roulettes clandestines se comptent par centaines sur la Côte d'Azur, et le racolage des joueurs ne connaît plus de bornes.

(1) La presse pornographique tout entière sert d'ailleurs aux exploiteurs de jeu.

en Espagne, en Italie, en France même, malgré la loi du 31 mai 1836 (1), on prétend que c'est le seul moyen de rendre la loterie « honnête, » d'assurer la loyauté des tirages, et le paiement des lots gagnants. Quel aveu nous recueillons, en passant, de l'ignominie des loteries libres et clandestines! — Mais qui ne voit que la loterie autorisée et réglementée est une véritable leçon de démoralisation donnée au peuple? L'État autorise et lance, sous des prétexte philantropiques ou artistiques, des loteries? C'est donc, se dit le peuple, que le jeu de hasard est chose légitime, permise, normale! Et voilà des multitudes, pour qui le gouvernement est *la loi et les prophètes*, pédagogiquement vouées aux mœurs de jeu!

C'est du reste une grosse erreur que de croire les loteries d'États moins exploiteuses que les autres. Elles sont toutes grevées de charges énormes : les loteries de Hambourg, de Brunswick, de Lubeck, etc., doivent payer l'impôt impérial, l'impôt du petit État qui autorise, un droit spécial pour la Société anonyme qui administre la loterie, la commission des banquiers collecteurs, etc... La part des lots, après tous ces prélèvements, doit être bien maigre! Cela n'empêche pas de donner au public des promesses inouïes. La « Loterie royale hongroise » autorisée par le Ministre des finances hongroises, promet 50.000 lots sur 100.000 billets (à 12 fr. 60 chaque), et le premier tirage comprendra un lot d'un million de couronnes et 13

______

(1) L'art. 410 du Code pénal interdit « les loteries non autorisées par la loi, » ce qui laisse supposer que la loi peut en autoriser. La loi du 21 mai 1836 est beaucoup plus précise et admirablement catégorique, contre *toutes opérations offertes au public pour faire naître l'espérance d'un gain qui serait acquis par la voie du sort.* C'est parfait.

Malheureusement, sont exceptées des dispositions de la loi, *les loteries d'objets mobiliers exclusivement destinés à des actes de bienfaisance ou à l'encouragement des arts, lorsqu'elles auront été autorisées dans les formes qui seront déterminées par des règlements d'administration publique.* Et voilà la porte ouverte (par la bienfaisance et par l'art!) à des multitudes de loteries! Et voilà *une nouvelle réglementation du vice...* pour favoriser la vertu!

million: 818 mille francs à partager! On ne nous dit pas naturellement combien de billets l'on a émis, ni comment on peut avoir intérêt à offrir de pareils lots! Mais on nous donne l'adresse de la Banque Gædicke, qui porte bonheur...

Et voici où l'on en arrive avec les loteries officielles : au progrès de la superstition matérialiste, au dégoût du travail, à l'organisation de l'exploitation la plus éhontée par des industriels spéciaux, autrement habiles que les *cabalistes* de l'Italie qui vendent des numéros *sûrs* (1).

.·.

5° Les paris, à l'occasion de courses et de concours. — Le pari revêt tant de formes que nous désespérons de les énumérer toutes. Il a une souplesse de Protée

---

(1) Citons cette page de M. Marcellin Pellet, sur les loteries italiennes et le rôle de la presse : « Une ou deux fois par semaine, la quatrième page des principales feuilles est occupée par une série de placards de l'aspect le plus surprenant pour les étrangers. Le plus souvent, c'est un professeur cabaliste qui offre un ambe ou un terne pour 2 francs, 1 franc ou 1 fr. 50, avec un grand luxe d'équations et de formules algébriques. Un autre promet huit quaternes, un pour chaque extraction du royaume, moyennant 30 francs, prix de l'abonnement à son journal *Le bulletin mathématique hebdomadaire*. Un R. P. Ludovic Carelli promet à tous ses clients un gain sûr de 12.300 francs : « Dans ma conscience et dans ma dignité de moine, dit-il, il me répugnerait de ne pas vous enrichir. » Beaucoup de ces annonces sont illustrées de grossières gravures sur bois. Dans le *Testament du mort*, on voit un mourant au lit, tendant à une personne qui s'essuie les yeux avec un volumineux mouchoir une grosse enveloppe ornée de cinq cachets. « Après ma mort, dit le moribond, je veux enrichir le monde. » La réclame classique est celle du *Capucin martyrisé*, qu'on voit sur son bûcher en proie aux flammes. C'est l'histoire lamentable d'un capucin brûlé vif en 1688, à Naples, par ordre du vice-roi espagnol, pour avoir indiqué d'avance au peuple les ternes et les quaternes qu'il découvrait dans un vieux livre de calculs... Le livre a conservé ses antiques vertus. Il suffit pour s'en convaincre d'envoyer 2 francs au dépositaire actuel. » — Voilà où nous mènent les mœurs de jeu !

et une puissance de rayonnement et d'adaptation qui tiennent du prodige; et cela, tout simplement *parce qu'on peut parier partout*, avec ou sans installation (dans la rue, au cercle, par correspondance), *à propos de tout* (de n'importe quel événement, de n'importe quel défi, à tous les concours, dans les périodes d'élections etc.) (1), *et avec le premier venu.* Il n'en est pas tout à fait de même des jeux de cartes, de la roulette, et autres jeux exigeant généralement des partenaires plus choisis et des circonstances plus spécialisées. Ces observations expliquent en partie comment le pari, par ses multiples manifestations, est en train *pour sa grande part, de démocratiser et d'universaliser les mœurs de jeu* (2) *et de faire partout triompher le jeu de hasard sur tous les autres jeux.*

Le pari semble devenir de plus en plus un des virus les plus actifs de la sensualité contemporaine, notamment dans toutes les formes de concours et de combats d'animaux. L'âme contemporaine en est comme empoisonnée. Cette assertion ne paraitra pas trop exagérée, si l'on veut bien réfléchir sérieusement à tous les faits signalés.

⁂

Le pari aux courses de chevaux. — Jadis, les riches seuls jouaient aux courses. Aujourd'hui, ce jeu s'est telle-

(1) A propos des élections du Président des États-Unis, entr'autres paris, on cite celui de deux joueurs engageant une écurie contre 70.000 francs. Nous avons déjà vu que l'on pariait aux concours de tirs à l'arc; nous verrons encore *que tous les jeux barbares et sanglants, sans exception, sont des occasions de pari.*

(2) Au reste, tout est convertissable en enjeu : les idées comme les biens, les choses comme les êtres, les croyances comme les négations, le ciel lui-même. Certains croyants ne sont guère que de vulgaires parieurs. Pour le joueur, tout est « risque à courir. » La vérité pour beaucoup ne semble qu'une « chance, » une matière à spéculation de hasard. — La foi dégénère en superstition, en risque à courir. C'est ainsi que *la vraie science et que la vraie foi* ont la passion du jeu pour ennemie commune.

ment démocratisé qu'on a pu l'appeler un péril national.
« Plus de 30.000 personnes à Paris, écrit M. Gaufrès (1),
n'ont pas d'autre occupation et un beaucoup plus grand
nombre y passent une notable partie de leur temps. »

On sait que *le pari mutuel* est la forme réglementée et relativement nouvelle (elle date de 1891) du jeu aux courses. Dans un double but moralisateur et financier — peut-être aussi policier? — l'État a imposé les enjeux et par conséquent réglementé l'industrie des bookmakers. On a donc prohibé les anciens petits piquets où l'on cotait le « six contre un »; et l'on permet — et l'on sanctionne et l'on patronne! — les petites baraques où l'on fait justement la même chose.

Depuis l'intervention du gouvernement, le jeu aux courses a revêtu une apparence presque honorable qui contribue à l'invasion des mœurs de pari et de hasard. Jadis, peu d'amateurs en somme risquaient leurs billets de banque. Grâce au pari mutuel, les petits comme les grands peuvent risquer leur argent : et tout est bien, puisque l'Etat touche deux pour cent pour les œuvres de bienfaisance, un pour cent pour l'amélioration de la race chevaline.

L'État moralise d'une drôle de façon : *à coups d'impôts!* Ce qui signifie que pourvu que les vices paient, il les couvre. Nous ne connaissons pas de doctrine plus démoralisante que celle-là. Il est vrai qu'on consacre une partie des revenus à l'amélioration de la race chevaline, voire une petite partie à des œuvres de charité! Mais outre qu'il est déjà humiliant de demander au jeu et autres vices les ressources nécessaires à l'élevage des chevaux et autres progrès matériels de la civilisation, la honte nous parait dépasser toutes les bornes quand nous voyons les œuvres de la justice et de l'amour patentées par les jeux du hasard!

On peut se faire une idée de l'importance du pari mutuel par deux chiffres. En 1892, ce jeu criminel a englouti

(1) *Le Relèvement social* de janvier 1899. Nous recommandons beaucoup cet excellent journal dont le rédacteur, L. Comte, a déjà fait campagne contre le jeu. Voir dans le n° de juin 1901, l'article : *Assez!* contre les loteries soi-disant philantropiques.

243 millions et demi de l'épargne française (1), dont 4 millions et demi ont été prélevés par l'État. En 1898, les paris se sont chiffrés à *180 millions*. (Il ne faut pas trop croire, paraît-il, à un progrès. Beaucoup joueraient clandestinement ?)

On ne réfléchit pas assez à toutes les infamies qu'il y a sous ces millions, rançonnés par un État protecteur, par un État bookmaker.

Jadis, Rochefort a fait une campagne dans l'*Intransigeant* contre le pari mutuel ; de méchantes langues ont dit qu'il ferait bien de se prêcher lui-même. Mais nul ne saurait décrire l'immoralité et les dangers du « turff, » mieux que ce vieux connaisseur, qui n'a pas toujours si bien parlé (2).

« *A aucune époque et sous aucun régime, on n'avait encore rien vu de pareil : deux millions d'habitants, le cœur et le cerveau du pays, ne vivant plus que pour placer, le dimanche, sur les jambes d'une pouliche ou les hasards d'une course d'obstacles, le salaire péniblement gagné pendant la semaine. Si encore c'était l'argent du riche qui allait aux pauvres : mais c'est l'argent du pauvre qui tombe dans la poche du riche : celui-ci possédant les capitaux nécessaires pour rafler fatalement toutes les ressources insuffisantes de celui-là.*

..... Même s'il ne détourne rien à son profit des deux pour cent destinés à l'Assistance publique, le gouvernement pratique sur la plus grande échelle *l'excitation au suicide*, en même temps que *l'encouragement au vol.*

Nous le demandons aux gens de bon sens que *la perpétuelle espérance d'un gain impossible à réaliser n'a pas encore totalement hypnotisés :* qu'est-il permis d'attendre d'un peuple dont l'unique préoccupation est de chercher les moyens de perdre au jeu trois cents millions par an ? Croyez-vous que si la patrie était de nouveau en danger on trouverait, comme en 1793, assez de volontaires pour en former quatorze armées, et que les parimutuellistes s'arracheraient ainsi d'eux-mêmes à leurs guichets pour se transporter aux frontières ?

Tout joueur est un homme perdu, soit pour la science, soit pour les lettres, soit pour l'armée, et quand une nation tout entière se

(1) Il faut y ajouter 50 à 60 millions que les parieurs au livre versent aux bookmakers.

(2) *Intransigeant*, 30 avril 1893.

laisse ainsi étreindre par le démon du jeu, elle est mûre pour l'esclavage au dedans et la défaite au dehors.

On croyait avec le pari mutuel canaliser le jeu sur les hippodromes. On l'y a développé dans des proportions effrayantes, qui en ont fait un péril non seulement public, mais national. Eh bien ! il n'y a qu'une façon de supprimer le péril : c'est de supprimer le jeu. » (1). Nous applaudissons.

Trois mots résument les tristes résultats de cette institution désormais décrétée (2) et permanente : *ruine, vol, suicide.*

— Ruine matérielle d'une quantité considérable de pauvres gens; ruine morale d'une multitude d'âmes perdues pour le progrès.

— Vol sous toutes les formes, les plus audacieuses comme les plus raffinées (3). Voici, du reste, ce qu'à Rochefort expliquait savamment un bookmaker millionnaire du nom de Saffery :

« Voyez-vous, pour se risquer à mettre de l'argent sur un cheval, il faut avoir avec soi : l'entraineur, le garçon d'écurie, le propriétaire, le jockey et le cheval lui-même. Il suffit qu'un seul de ces atouts vous fasse défaut pour que vous perdiez votre mise. Vous comprenez s'il est difficile de gagner, d'autant qu'il y a à compter encore avec les accidents : le jockey qui tombe, qui se trompe de piste ou qui reste au poteau. Si bien que celui qui donne un cheval a toujours sept ou huit chances pour lui, tandis que celui qui le prend les a contre lui.

« On peut, à la rigueur, prendre le favori dans les courses sans importance. Il est essentiel de s'en garder dans les grandes courses. S'il gagnait, trop de donneurs y perdraient leur dernier centime. Si donc, soit dans le Derby, soit dans le Grand-Prix de Paris, soit dans le prix de Diane ou la Poule des Produits, vous voyez un poulain ou une

(1) C'est nous qui soulignons des passages essentiels de ce plaidoyer.

(2) Décret du 7 juillet 1891.

(3) Nous avons recueilli des fiches sur des vols d'employés emportant qui 3.000 francs, qui 9.000 francs, etc., pour jouer ou compenser des pertes de jeu.

pouliche à égalité, évitez soigneusement de vous engager dessus.

« — Alors, lui fis-je observer, vous voulez dire qu'on achète le jockey ? Mais s'il est honnête ?

« — S'il est honnête, il a presque toujours autour de lui des individus qui ne le sont pas. Vous pensez que, pour ne pas perdre deux ou trois millions, la bande noire n'hésite pas à sacrifier 100.000 francs. Et, en effet, il est facile de constater que c'est toujours dans les grandes courses, c'est-à-dire celles ou le public, et conséquemment les bookmakers, ont énormément d'argent dehors, que se produisent les surprises. Les gogos du pari mutuel, ignorants de ces trucs multiples, suivent le mouvement, vont au favori réputé imbattable et s'en retournent, les poches, quelquefois même l'estomac, vides. »

— Suicide enfin, dont nous ignorons la statistique spéciale. Mais n'y a-t-il pas lieu de penser que la terrible progression des suicides en ces dernières années est due en partie, au déchaînement de la passion du jeu ?

*
* *

Le pari aux concours de pigeons. — Pour éviter tout malentendu, disons que nous n'en avons ni contre les courses de chevaux, ni contre les concours de pigeons. En eux-mêmes, répétons-le, ces jeux n'auraient rien d'illégitime, s'ils n'étaient viciés par le jeu et la boisson. Qu'on se rassure : ce n'est pas aux bêtes que nous en voulons, mais aux hommes.

Il résulte de notre enquête à Roubaix, que dans la classe ouvrière seule, il y a au bas mot 2.000 amateurs ou *coulonneux* (1), entretenant une armée de 50.000 *coulons !* Il y aurait de 150 à 200 sociétés de coulonneux, chacune comprenant de 10 à 20 membres. Ces sociétés se répartissent en 5 grandes « fédérations. »

Je n'ai pas ici à donner des renseignements sur le dressage qui coûte du temps et de l'argent, sur les concours

____

(1) On appelle dans le Nord les pigeons voyageurs des « coulons. »

ordinaires et extraordinaires qui peuvent se défendre comme on défend les expositions de produits agricoles, les courses de chevaux ou les concours de bébés. Il faut donc encourager l'élevage et le perfectionnement savant des pigeons. Tout au plus, regretterons-nous l'abus de ces concours, le temps qui s'y absorbe, et les sommes excessives que dépensent aux mises tant de pauvres ouvriers chargés de famille (1). Mais enfin, là n'est pas encore le grand mal.

Le mal, c'est moins le concours que le pari. Ce jeu d'argent, aussi condamnable en somme que le pari mutuel, est tellement dans les traditions locales et même régionales, que quand j'ai voulu faire campagne contre lui, dans le Nord, on m'a averti que j'y perdrai totalement mon temps; de braves gens m'ont même dit sur un ton sévère, « qu'il ne fallait pas y toucher! » La passion du coulonneux est « indéracinable, » m'affirme de son côté un journaliste qui connaît fort bien ses Flandres. Cependant, quand je pense que des milliers d'ouvriers jouent entre 4 et 10 francs par semaine, dans les bonnes périodes, et que les parieurs passionnés vont jusqu'à 30 et 40 francs (2), je ne puis guère loyalement me taire. A la « Solidarité » de Roubaix, nous ne manquons pas de besogne!

Un détail monotone, mais d'une grande importance : *on boit beaucoup dans ces concours.* C'est le refrain de toutes nos études sur les jeux contemporains.

*
* *

Nous voudrions nous arrêter ici : mais c'est impossible. Nous avons un nouveau et navrant chapitre à écrire. Il

(1) Un ancien joueur, membre de la « Solidarité, » de Roubaix, nous a dit qu'un amateur modéré jouait de 4 fr. 50 à 5 francs par semaine. Si l'on additionne les frais d'entretien, de dressage, de « convoyage » (on appelle ainsi le transport des pigeons par des « convoyeurs » spéciaux aux points de départ désignés par les sociétés : St-Just, Paris, Clermont, Orléans, Bruxelles, Ajaccio!) — les cotisations de membres, les « mises » pour chaque pigeon concurrent, l'estimation ci-dessus doit être fort au dessous de la vérité.

(2) Les riches jouent des centaines de francs.

nous reste à parler des paris qui s'engagent dans les combats de coqs, les combats de chiens, les courses de taureaux. Mais comme ce n'est plus seulement le jeu d'argent, qui mérite d'être étudié ici ; comme dans le hasard des victoires ou des défaites des animaux, ce n'est pas seulement la passion du gain ou l'attrait du risque que l'on recherche, mais bien aussi et surtout les souffrances de pauvres bêtes, nous devons ouvrir un nouveau chapitre, avec de grosses lettres.

CHAPITRE III

Jeux barbares et sanglants

1° Combats et courses de taureaux. — Nous ne voulons qu'effleurer ici la question *des courses de taureaux,* parce que ces jeux — barbares aussi — féconds en paris, — associés intimes de l'alcool, — florissants dans le Midi, et bien faits pour nos Flandres qu'elles sont en train de conquérir — méritent d'être traités à part. Nous signalons parmi ceux qui ont déjà mené la campagne : MM. Gide (dans *l'Émancipation),* M. Comte (dans *le Relèvement social),* MM. Trial et Grotz et tous les pasteurs de Nimes. Une étude générale de la question est à faire.

Notons que la loi Grammont s'applique aux courses de taureaux, — non seulement à leur mise à mort, mais même aux « mauvais traitements » que ces animaux subissent dans toutes les corridas. La Cour de Cassation, en 1895, a décidé : 1° « Que les taureaux étaient des animaux domestiques et non sauvages, puisqu'ils étaient élevés et nourris par l'homme ; 2° que les mauvais traitements infligés aux taureaux et aux chevaux dans les courses espagnoles étaient hors de doute ; 3° que les courses de taureaux étaient un spectacle public, quoique non gratuit ; 4° que c'est l'entrepreneur des courses qui était responsable, quoiqu'il ne tuât pas lui-même les taureaux. »

Le Conseil d'État a confirmé et sanctionné définitivement ces doctrines en 1897.

Malgré la loi, les courses de taureaux sont très florissantes en France. (Nous avons sous les yeux des récits de courses faites ces dernières années à Nîmes, Beaucaire, Arles, Uzès, Le Vigan, Alais, Montpellier, Paris — où ces jeux n'ont pu prendre — et Roubaix)! L'enthousiasme de certains aficionados va bien loin. Pour jouir des courses, une mère de famille à Alais laissa sa cuisine, son feu, sa lessive à surveiller à un garçon de douze ans, manifestement incapable de faire tout cela, si incapable que le pauvre petit se versa un pot de lessive brûlante sur une jambe. Je tiens ce fait authentique de l'instituteur lui-même de cet enfant.

Voici un autre genre d'enthousiasme. En annonçant une course faite au profit des monuments Pasteur et Florian, à Alais, un aficionado dépeint dans une feuille locale le toréador Gallo, et finit par s'écrier que « son front baigne dans les clartés de l'époque héroïque! »

Pour la cruauté et le déchaînement des passions sauvages, nous avons aussi de décisifs échantillons d'humanité. Par exemple cet enfant cité par M. Gide, qui s'écria, à la vue d'un taureau aux poils blancs : « Tant mieux! le sang s'y verra mieux! » — Par exemple encore ces mots d'une brute que j'ai entendus le 14 juillet 1885 aux arènes de Nîmes, (que j'étais allé voir au moment où la foule immense noircissait les gradins) : « Je donnerais 20 francs, quoique je ne sois pas riche, pour que le taureau plantât ses cornes quelque part à ce mauvais toréador. » Je traduis en français poli son ignoble patois.

Mais en fait de barbarie, il y a mieux encore : à Beaucaire, on a fait combattre un ours contre un taureau. L'ours a dévoré, paraît-il, le taureau : et pour le punir, on l'a fusillé! *Le Signal* de Genève qui relate ce fait, ajoute avec raison : « Après cela, on peut se demander où étaient pendant ce spectacle ignoble les bêtes fauves? Pour nous, la réponse n'est pas douteuse : sur les gradins. »

A Roubaix, nous avons eu un combat célèbre en juillet 1899, entre un lion et un taureau, avec force paris. Comme dans la Rome de la décadence, nous avons maintenant nos bestiaires. A quand nos gladiateurs? A la « Solidarité » de Roubaix, mon ami H. Babut et moi, avons protesté dans 2 ou 3 conférences. Nous avons été à peu près seuls à faire entendre publiquement la voix de l'indignation. Nous avons pour nous la raison, la morale et la loi. Il paraît que c'est peu, en France, au XX⁰ siècle.

2⁰ Combats de coqs (1). — Les Flandres ont vraiment des jeux grossiers et barbares, que l'instruction et la religion régnante ne réussissent pas à faire disparaître. Le Midi a ses taureaux; le Nord ses coqs... et aussi ses taureaux. C'est à Roubaix, Tourcoing, Lille, que les combats de coqs excitent au plus haut point les passions populaires et... bourgeoises, surtout dans les périodes de prospérité industrielle.

Ces jeux *absolument illégaux*, étaient jadis prohibés très sévèrement par la police. Depuis 40 à 50 ans, *ils sont tolérés*. Le jeu est plus fort que la loi. Un candidat à la députation qui inscrirait dans son programme la suppression des combats de coqs et autres jeux analogues, serait bien sûr de son affaire. Ce qui est humiliant, c'est qu'interdits en Belgique (2), ils soient tolérés en France. Et ce qui est plus humiliant encore pour les partis... sages, c'est que les socialistes seuls ont protesté au *Conseil général du Nord* contre ces combats. « Je ne trouve rien de plus sauvage, a dit le porte-parole du parti, que les combats d'animaux. » Le Conseil a passé outre !

On sait que les coqs ont l'instinct batailleur. Par des croisements compliqués, par un savant élevage qui dure neuf semaines environ, puis par une série d'épreuves et de sports préparatoires qui ont lieu chez des spécialistes *ad hoc* (jamais la division du travail n'a été plus rigoureuse que

____

(1) Nous avons écrit les quelques pages qui suivent sur *les jeux barbares dans le Nord de la France*, d'après des enquêtes personnelles, et aussi d'après des études locales faites dans *l'Avenir de Roubaix* (31 mars 1898), etc. par M. M. Véran, que nous sommes heureux de remercier ici.

(2) Il est juste d'ajouter que les combats de coqs se font quand même plus ou moins clandestinement chez nos voisins.

chez les éleveurs de coqs) on arrive à avoir des coqs superbes, ardents à la lutte (1).

Pour donner au combat un caractère de violence inouïe, et sans doute aussi pour jouir davantage de l'agonie de ces pauvre bêtes, on « arme » leurs ergots d'éperons d'acier, à la pointe acérée, recourbés en forme d'alène, et savamment combinés en vue de plaies mortelles. L'arme avait primitivement 60 millimètres de long et 5 millimètres de cintre : mais la mort arrivant trop vite, les amateurs trouvaient le combat trop peu sensationnel. Une sorte de congrès de *coqueleux* (on appelle ainsi les aficionados des coqs) a décidé, en 1897, sur la proposition de M. A. Vaissier — le riche savonnier du Congo — que l'arme aurait 50 millimètres et 2 millimètres de cintre. Il y a des coqs qui éperonnent le corps : c'est ce genre de coups que l'on préfère dans le Nord. D'autres frappent à la tête, et ce sont ceux que l'on préfère, paraît-il, en Belgique. Des goûts et des cruautés on ne peut guère discuter.

Tous les dimanches, en hiver (de septembre à Pente-

---

(1) L'amateur prend le coq dès l'œuf, surveille l'incubation, nourrit le poussin de pain sec et de riz, l'envoie à la campagne chez des éleveurs spéciaux (auxquels on paie 3 francs, par coq, pour 9 semaines). A partir de ce moment le petit conscrit commence à se battre, et on le met en pension chez un sportsmen où il fait son apprentissage, tout comme un St-Cyrien à l'école de guerre. A 3 mois, *on l'écrête* pour le rendre insaisissable, et cette petite chirurgie coûte 2 francs. Vers l'âge de 7 ou 8 mois, *l'essayage* commence : ce sont les premiers combats. Pour éviter des malheurs, on garnit leurs ergots de « pelottes » rembourrées. A chaque essayage, le « nourrisseur » du coq reçoit de 50 centimes à 1 franc pour sa peine. Les joueurs sérieux doivent assister aux essayages, car c'est alors que se font les « triages, » comme on dit ici, c'est-à-dire le choix des champions qui combattront à mort. Quand a lieu le combat, l'éleveur touche 7 francs par coq. — Un coq apte au combat vaut 20 francs; si c'est un vainqueur de race, ayant sur sa conscience la mort de plusieurs confrères, il peut valoir de 200 à 500 francs. On cite, avec une sorte de lyrisme, des héros qui ont gagné des 20 et des 30 batailles. Ceux-là n'ont pas de prix : leur gloire est celle d'un Kléber ou d'un Napoléon !

côte), il y a des combats, et en assez grand nombre. Leur
publicité est extraordinaire (prospectus, affiches, journaux
locaux, grandes bandes de toile, traversant toute la rue,
avec lettres énormes portant les prix des concours, etc.). Il
s'en faut, hélas! que nous ayons les mêmes ressources et
la même habileté de réclame pour nos conférences morales
et sociales! Le *Journal de Roubaix*, journal très catholique,
publie chaque semaine, en même temps que les messes et
obits, tous les combats de coqs, concours de pigeons, etc.
Il paraît qu'à certains grands jours, on accourt de Belgique, d'Angleterre, voire d'Amérique! (1)

Quand donc le gouvernement interdira-t-il formelle-
ment ces jeux barbares? Il aurait deux motifs pour
intervenir :

a) *Cruels et sanglants*, ces combats tombent sous le coup
de la loi Grammont (2 juillet 1850) qui punit « ceux qui
auront exercé publiquement et abusivement de mauvais
traitements envers les animaux domestiques. » — Il est
vrai que la peine est minime et n'arrêterait guère mieux
les coqueleux que les aficionados des courses de taureaux.
On ergote du reste sur le texte même de la loi, soit pour
mettre ces sortes de coqs en dehors de la catégorie des
animaux domestiques (mais nous avons vu par quel savant
élevage « domestique » on arrivait à cultiver leurs instinc-
tives haines); soit pour établir que personne n'exerce de
mauvais traitements envers eux! Les concours sont-ils
interdits? On met des coqs en présence, voilà tout! — A
quoi bon discuter ces puérilités? Tout le monde sait à quoi
s'en tenir sur l'illégalité et l'immoralité de ces jeux sanglants.

b) *Ces combats sont des occasions à nombreux paris, encore*

____

(1) A Roubaix, on ne comptait pas moins de 25 parcs (ce sont
de petits amphithéâtres aménagés dans des salles d'estaminets); il y avait l'an dernier une vingtaine de sociétés de grands
coqs, autant de sociétés de petits coqs. Des connaisseurs m'ont
affirmé qu'il y avait une armée de plus de 4.000 coqs de
combats, à Roubaix? La récente crise industrielle a certainement beaucoup diminué ces chiffres, en diminuant le nombre
des estaminets.

contraires à la loi. Le concours est un prétexte : ce qu'on
recherche, *c'est le spectacle sanglant d'abord, et c'est le
pari ensuite.* Les ouvriers parient 5, 10, 20 et même 30
francs, à chaque rencontre. Les riches, des centaines de
francs et plus. *On en a vus mettre 100.000 fr. sur un coq !*
La rage du jeu sévit comme aux courses de chevaux. On
parie sociétés contre sociétés. Et l'entraînement est tel, en
face de ces joutes brutales, dans cette atmosphère de fumée,
d'alcool et de sang, que les yeux s'allument d'un étrange
éclat, au moment de la lutte et que l'on entend dans toute
la salle comme un immense crépitement de défis, partant
de toutes parts comme des étincelles. Et c'est, sur les noms
des coqs solennellement annoncés, un vrai feu roulant de
paris pendant quelques minutes inoubliables.

*
* *

3° **Les concours de pinsons.** — Ce jeu flamand —
flamand par excellence — est encore un prétexte à abondan-
tes « beuveries » matinales et à nombreux paris. Cruel et
passablement bête, il ne prend que dans les classes igno-
rantes et basses du peuple. Ce sont surtout les tenanciers
d'estaminets hors ville qui exploitent à leur profit la passion
des « pinchonneux » (c'est ainsi qu'on appelle les amateurs
de ces concours).

Le « pinchonneux, » dit M. Marius Véran, qui nous
renseigne à fond (1), est un être à part dans toutes les
Flandres. Il vit pour son pinson, ne s'intéresse à rien
d'autre. Sa toquade est inouïe et malheureusement conta-
gieuse, puisqu'à Roubaix l'on compte des centaines de
ces sortes de joueurs, et dans nos agglomérations de
Lille, Roubaix, Tourcoing, des milliers !

Le concours consiste à faire chanter le matin des pinsons
préalablement aveuglés, et à noter pendant la durée du
concours, le nombre de « chants complets » et d' « harlei-
gnages » (on appelle ainsi le corps du chant, qui a environ

(1) Article dans *le Progrès du Nord* du 28 avril 1898.

trois syllabes) (1). On a remarqué que la cécité favorisait la fréquence des chants. Alors, on aveugle ces pauvres petites bêtes au moyen d'un fer rouge que l'on approche délicatement des paupières de manière à déterminer une inflammation purulente qui les colle à tout jamais.

L' « aveuglage » se fait chez des ouvriers spécialistes qu'on appelle... sans doute par ironie, des « oculistes! » On m'en a cité un qui aveuglait une quinzaine de pinsons tous les dimanches matins (2). Quand l'oiseau est apte à « battre, » il vaut de 30 à 60 francs. On en a vus de 100, 200 et même 300 francs! L'entretien coûte peu de chose (2 fr. 50 par an) et c'est ce qui explique sans doute la vogue des pinsons parmi les pauvres. Les concours ont lieu, en pleine campagne — mais près des estaminets — au printemps et en été (de mars à septembre) dès 5 heures du matin. Pendant des heures, on écoute les chants de ces pinsons dont les cages sont posées sur des chaises, et les « marqueurs » marquent à la craie, sur une règle, tous ces chants plaintifs qui ressemblent à des gémissements de pauvres mendiants aveugles. Les discussions, les disputes sont fréquentes. On s'attarde, on renouvelle les paris et les beuveries, parfois jusqu'à épuisement des bêtes et des hommes.

Le genièvre coule à flots pendant tout le concours (3). Il

---

(1) « Pour qu'un air soit complet, il faut, en plus de « l'harleignage » ou corps du chant, que l'oiseau termine par « tchi-tchi-wic » ou « tchi-tchi-wouidivis. » — S'il « couponne, » s'il coupe son air, s'il ne le termine pas par la finale indiquée, le coup ne compte pas » (M. Marius Véran, article cité).

(2) Autre détail : pendant quinze jours avant le concours, on ne change pas l'eau de la cage, pour que le pinson n'ait pas la tentation de se baigner. L'eau verdâtre lui répugne ..... et n'étant plus distrait par aucun soin hygiénique, le pauvre prisonnier « chante » davantage. Imposer les ténèbres, la douleur et puis... la saleté à des oiseaux, pour qu'ils chantent, n'est-ce pas le fait de bêtes brutes? Eh bien, il y en a des milliers à faces humaines.

(3) On m'a assuré que chacun buvait au moins 5 à 6 verres de genièvre. Ce jeu de brutes a donc cette originalité d'avoir créé un *alcoolisme matinal*.

n'est pas rare le dimanche après-midi, de voir dans les rues de Roubaix, errer quelque pinchonneux ivre, tenant sa cage qui cherche vainement son équilibre, et qui tangue comme un navire sur une mer ballotée.

Le retour des pinchonneux est une épopée d'ivrognes.

Les paris varient de 50 centimes à 5 francs. — Il y a des « sociétés de pinchonneux » qui font des mises de 50 francs. Pour alimenter ces jeux, nous avons des *marchés de pinsons* à certaines époques. On peut acheter pour quinze centimes — une pauvre pite — un de ces petits oiseaux dont Jésus a dit que « le Père céleste les nourrit » (Mat. VI, 26), que pas un d'eux n'est oublié devant Dieu » (Luc XII, 7), et que même — est-ce bien exact? — « il n'en tombe pas un à terre sans la volonté de notre Père » (Mat. X, 29). La foi se trouble vraiment, et devant ces cruautés inutiles, ces jeux barbares, ces beuveries matinales et ces paris où passent l'épargne et souvent le salaire de milliers de flamands, on se demande quelquefois si Jésus dirait aujourd'hui aux tourmenteurs d'oiseaux : « Vous valez mieux que beaucoup de passereaux! »

* *

4° **Combats de chiens ratiers.** — Ces jeux — encore et toujours flamands — sont d'origine récente, et ont été introduits à Roubaix et dans le Nord vers 1894. — C'est un sport répugnant au plus haut point, et qui jette un certain jour sur la psychologie des amateurs. On dresse des fox-terriers ou des bull-terriers (sortes de bâtards du dogue) (1) à l'extermination rapide, dans des « parcs » ad hoc, de nombreux rats. Un bon ratier, « un ratier de vitesse » expédie 5 rats en 5 à 8 secondes; « un ratier de fond » extermine de 10 à 100 rats aussi vite qu'il peut.

Il y a des sociétés à Lille, à Roubaix, à Tournai, Courtrai, etc. pour organiser de grands concours, où l'on a vu accourir des centaines, voire des milliers de spectateurs.

(1) Ces chiens valent, avant le dressage, de 20 à 25 francs; après, 200 francs environ; il y avait *500* de ces chiens au début; on pense que ce chiffre a beaucoup diminué.

(Le Club des Mache-fer de Lille, le Ratier-Club de Roubaix sont parmi les plus renommés) (1).

Faut-il décrire ces spectacles d'odieuse boucherie? Nous sommes dans un estaminet, devant un « parc » à chiens ratiers (on appelle ainsi « un plancher octogonal entouré d'un grillage d'un mètre de haut »); au centre du parc se trouve une trappe pour faire disparaître les cadavres. Les joueurs sont là, fumant leurs fortes pipes, buvant d'immenses chopes, lançant ou acceptant des défis avec force jurons. Les paris s'engagent sur tel ou tel chien. On se dispute, on hurle. Puis, tout à coup, le chronométreur donne le signal; le « ratmann » (oh! langue française, pardonne-nous) arrive avec une cage à 5 rats, et le chien tue férocement, en quelques secondes soigneusement « chronométrées » les 5 rats. — Dans les « concours de fond, » la scène dépasse, paraît-il, en horreur, toute imagination. Le bull-terrier aux prises avec 50, 100 rats, mord dans le tas. « On entend, dit un témoin de ces carnages, des craquements qui vous donnent froid dans le dos... Quelques minutes se sont à peine écoulées que l'animal se débat dans une bouillie sanglante, pantelante, d'où sortent des cris d'agonie, et qu'agitent des tremblements nerveux, affres de morts multiples. » La galerie y prend un plaisir extrême; l'enthousiasme est tel, que le chien vainqueur est acclamé par de longs et frénétiques applaudissements (2).

Je pense qu'il est inutile d'ajouter quoi que ce soit. La bestialité humaine est assez manifeste.

(1) D'après mes renseignements, il y aurait une quarantaine de concours par an, exigeant une consommation de 7.000 rats. Leur destruction peut être un bien, mais c'est le plaisir qu'on y prend qui est barbare.

(2) Il y a mieux encore. Il y a à Roubaix des matchs entre un « homme-ratier » et des bull-terriers. L'homme doit loger entre sa chemise et sa peau 100 rats pendant qu'un chien en tue autant. Le premier a pu en loger ainsi 100 en 4 minutes 11 secondes; le second (le chien) a gagné la bataille en 4 minutes 8 secondes.

***

5° **Combats de chiens** (1). — Encore des jeux d'importation flamande, cruels, sanglants, féconds en paris, absolument défendus par la loi. Il est juste de dire que la police les surveille. Mais ils ont lieu clandestinement.

Le combat est un vrai duel matinal entre bouledogues, dans un parc, en présence d'un jury et de spectateurs convoqués le plus secrètement possible, mais nombreux quand même. Des Belges, des Anglais, des Français, trouvent de grandes jouissances à faire « marcher » des dogues aux mâchoires puissantes, principalement le dogue-terrier, « bâtard à puissante encolure, fort sur pattes, la tête grosse, la mâchoire terrible. C'est le chien de la rancune intérieure. Il mord sans aboyer, se bat sans hurler et succombe en brave sans une plainte. » Naturellement il y a tout un élevage dont le but est de développer jusqu'au maximum l'instinct batailleur de ces animaux. — Le combat a lieu entre 6 et 7 heures du matin, dans un endroit clos et couvert où l'on a ménagé une arène de dix mètres carrés. — Malgré le dégoût qui fait trembler ma plume, il faut bien que je transcrive quelques notes prises par un témoin de ces combats infâmes. Il s'agit du duel entre Turc et Médor. Comme à tous ces combats de bêtes, sans exception, on fume, on boit du genièvre, on discute ferme et l'on s'échauffe pour parier. Il y a là une vraie foule de spectateurs. Chaque chien est discuté, examiné de près. Des experts s'assurent qu'il n'y a pas de fraudes, c'est-à-dire que chaque chien n'a été frotté d'aucune drogue pouvant rebuter l'adversaire. Les paris s'engagent : *et l'on joue là des sommes énormes.* — Les moindres détails mériteraient d'être cités, car ils montrent à quel degré de barbarie l'humanité peut descendre : on a vu des amateurs sous l'empire du préjugé que l'alcool donne des forces, saoûler leurs chiens avec du cognac, du genièvre ou de la bière!

Mais voici les chiens lâchés l'un contre l'autre. Ils se

(1) Toujours d'après enquêtes et d'après les articles de M. M. Véran dans le *Progrès du Nord* (24 juin 1898).

heurtent « d'un choc énorme » et « font un corps-à-corps. »
« Leurs gueules s'ouvrent, leurs yeux s'injectent de sang,
tel un soufflet de forge, leurs flancs battent. » — On entend
les coups secs des mâchoires. La galerie passionnée suit
toutes les péripéties du combat, l'habileté des bêtes à donner ou à parer les coups de crocs. Bientôt, « les poils
se zèbrent de sang, leurs gueules se frangent d'écume. »
L'un a pu happer son rival à la cuisse, et a réussi à y
enfoncer profondément ses crocs : et pendant de longues
minutes, des siècles, ils restent là, sans un bruit. « Le
combat dure depuis vingt minutes, les flancs des champ-
pions battent à coups précipités, mais ils sont toujours
dans la même position. » A la fin, le pauvre chien mordu,
dans un affreux soubresaut de révolte « secoue son adversaire qui se retire en emportant le morceau. » — Et le
combat recommence, le sang coulant dans l'arène et cou-
vrant les bêtes, parfois rejaillissant sur les hommes. Enfin,
l'un d'eux, fourbu, se couche exténué de fatigue, dans un
grognement. Et le vainqueur se jette sur lui, le mord à
belles dents, ou le flaire avec mépris. La règle du jeu est
que le chien est vaincu, quand il reste couché ainsi trois
minutes.

Je n'ai aucune peine à croire que les spectateurs novices
frémissent d'horreur. Mais il paraît que l'on s'y habitue ! A
l'issue de ce spectacle barbare, tous les paris se règlent,
arrosés de copieuses libations de genièvre.

. . . .

Ainsi, rien ne manque à la barbarie de tous ces jeux :
ni la cruauté envers des milliers de bêtes (taureaux, chevaux, coqs, pinsons, chiens, rats, etc., etc.) ni l'alcoolisme
qui est *toujours* l'accompagnement et l'excitant nécessaire
de ces jeux, ni le *pari* qui en est l'âme.

*
* *

A ceux qui seraient tentés de traiter légèrement cette
question du jeu d'argent, du jeu de hasard, du jeu barbare,
je rappellerai la loi tragique relevée par tant d'historiens et
de philosophes d'après laquelle les peuples meurent.
Ce ne sont pas les divisions qui perdirent Rome, Mon-

tesquieu l'a prouvé : c'est la grandeur trop rapide de la République, son orgueil, et l'invasion de l'épicurisme, des faux plaisirs et des mœurs dépravées... (1)

On dira peut-être : nous n'en sommes pas encore aux temps des derniers Césars, et nous n'avons pas de gladiateurs!

Nous n'avons pas de combats de gladiateurs : mais nous avons les combats de taureaux et d'hommes, avec chevaux éventrés, et avec la mise à mort plus ou moins habile des taureaux par les hommes, et quelquefois des hommes par les taureaux. Nous avons des combats singuliers et toujours plus sauvages entre taureaux et ours, entre taureaux et lions, le tout sous les yeux indulgents des représentants de la loi, avec la complicité des préfets, des députés et des maires.

Nous n'avons pas encore nos combats de gladiateurs : mais nous avons des combats de coqs, des combats de chiens, des concours odieux et idiots de petits pinsons, des cruautés inutiles, pour notre plaisir, sur une foule de bêtes... c'est-

(1) On peut suivre la progression de la barbarie criminelle des jeux romains... Sous la République, Rome s'amusait 66 jours, sous l'Empire jusqu'à 175 par an (10 pour les combats de gladiateurs, 64 pour les jeux du cirque, 101 pour le théâtre). Quand Titus inaugura le Colisée, il donna au peuple une fête de 100 jours. Trajan, après la deuxième guerre de Dacie, donna une fête de 123 jours. Voilà pour le gaspillage du temps. Et voici pour la sauvagerie. Les écrivains nous ont édifiés. Sous César, pour fêter son édilité, on fit combattre 320 paires de gladiateurs ; sous Trajan (en 106) dix mille gladiateurs parurent dans les amphithéâtres. On faisait combattre les étrangers, les criminels, voire des hommes libres embrassant la gladiature comme un métier. On donnait ce spectacle aux soldats « pour les accoutumer à voir couler le sang » (Montesquieu). — Il y eut aussi à Rome des combats d'animaux et des chasses de lions, panthères, etc. Sous Auguste, on combattit 3.500 animaux ; en l'an 80, 9,000 bêtes sauvages furent livrées à la férocité amusée des maîtres du monde ; en 106, 11.000!

Si nous citons ces chiffres, c'est pour prouver que la décadence romaine a coïncidé *mathématiquement* avec la progression toujours plus brillante et sauvage des jeux barbares.

(Voir *Friedländer*. Mœurs romaines d'Auguste aux Antonins, livre VI).

à-dire des jeux témoignant de la même barbarie, mais révélant en somme moins d'art, moins de grandeur et moins de noblesse qu'aux temps de la décadence romaine.

Nous n'avons pas les gladiateurs? Mais est-ce bien sûr? Et n'avons-nous pas pire? Nous avons les combats des dompteurs — les bestiaires d'aujourd'hui — dans toutes les nombreuses ménageries d'Europe et d'Amérique, parfois avec force paris. Nous avons nos massacres d'Arménie, du Soudan, de Chine, et les divertissements spéciaux, sanguinaires et luxurieux, que se procurent à bon compte nos glorieux soldats hamidiens et européens! Nous avons — dans nos villes — les rixes sanglantes des cabarets, des voyous et des ivrognes, les martyres de femmes, d'enfants, les persécutions des folles en liberté par des bandes d'enfants sauvages! Nous avons de magnifiques scènes de pugilats dans nos Parlements, dans nos conférences publiques et contradictoires. Nous avons les duels à l'épée ou au pistolet, et les récits de ces combats de gladiateurs bourgeois et modernisés amusent tous les matins des milliers de badauds.

. . . .

Oh! ces plaisirs, ces jeux, ces barbaries du peuple! Comme tout cela est triste! Il y a une détresse infinie dans ces divertissements hâtifs, grossiers, associés tous infailliblement à l'alcool, à la pornographie, à la débauche, aux délits et parfois aux crimes! Il y a des larmes dans toutes ces fêtes, des sanglots et des colères dans ces éclats de rire. L'exploitation de l'alcool, du jeu, de la débauche, tout bien pesé, est encore pire que l'autre, celle du capital.

Pauvre ouvrier, pauvre peuple, qui ne sait pas faire un pas sans te heurter à quelque pierre, qui ne peux ni travailler, ni te loger, ni manger, ni boire, ni aimer, ni prier ni même mourir... sans être exploité par quelqu'un! — Tu n'as même pas un refuge contre la pire exploitation, celle de tes plaisirs, de tes jeux, de tes soirées, de tes dimanches! Le jeu n'est pas une trêve pour toi : c'est une aggravation de malheur dans l'enfer social où, avec le bourgeois d'ailleurs, tu flambes tout entier!

CHAPITRE IV

La question économique et les jeux

C'est une société d'argent et de lutte de classes qui a produit et multiplié les jeux d'argent et les jeux barbares. Notre régime capitaliste de production étouffe tout idéal, tout art, tout plaisir nobles, en en faisant des valeurs d'échange, des marchandises accessibles seulement à ceux qui possèdent. Il pervertit l'instinct de jeu et les sentiments esthétiques en monnayant les joies bourgeoises et en abrutissant par un travail trop spécialisé et trop uniforme, parfois excessif, la mentalité prolétarienne.

Le principe fameux de la lutte de classes trouve hélas! son application scientifique dans une étude sur les jeux : car il y en a de deux espèces, *selon le temps, l'éducation, et l'argent dont on dispose!*

Pour les classes aisées, le plaisir, le jeu, sont devenus extrêmement complexes; les sens sont plus difficiles, parfois plus délicats. Les classes riches ne se mêlent pas aux autres et gardent leurs distances, aux jeux. Elles occupent toujours les premières places au banquet de la vie, assumant ainsi les premières responsabilités! Il faut de la belle musique, une plus savante diction au théâtre, des jeux d'argent d'une émotion plus raffinée et plus intense, et quelquefois — oh! pas toujours — une barbarie plus civilisée. Bref, le plaisir et le jeu, pour l'âme bourgeoise en général, est moins un besoin vital, *qu'un luxe, une distraction!* J'ose dire, qu'il y a même fort peu de bourgeois qui s'amusent vraiment, parce que la plupart sont trop pris par l'engrenage et la fièvre des « affaires, » de la spéculation ou des places; et parce que ceux qui cherchent à s'amuser, le font d'une façon si coûteuse, si conventionnelle et si immorale en général, qu'ils ne trouvent que dégoût mortel dans leurs plaisirs.

Pour les classes pauvres, au contraire, le plaisir et le jeu sont restés des besoins vitaux. De là vient que le peuple s'amuse en temps de Révolution, d'émeute et de guerre. C'est plus fort que lui ! De là vient aussi que dans une société capitaliste, où la production est encore trop incohérente et anarchique, où le temps et la force de travail de l'immense majorité des hommes sont accaparés par le problème du pain, il ne saurait être question pour le peuple de jouissances de luxe, de plaisirs esthétiques et de jeux normaux et distingués ! — Le plaisir moral et normal, tel que nous le rêvons, est *trop cher*, il demande *trop de temps* et exige *une éducation préalable trop élevée*, pour que nous puissions l'assurer à tous, le socialiser, sans une révolution morale, sociale et économique. Au *droit au travail* et à son produit intégral, réclamé par les socialistes, au *droit au salut* et à ses conséquences, réclamé par les chrétiens sociaux, il faut ajouter *le droit au plaisir normal*, à l'art, à la joie, réclamé par l'humanité tout entière, ordonné par l'Évangile (1) et dénié à la masse de nos frères par la puissance avilissante de l'argent !

*
* *

Le jeu d'argent et le jeu barbare peuvent s'expliquer en une grande mesure par le milieu économique, mais ce serait être bien superficiel que de ne pas en chercher aussi les causes profondes dans les bas instincts de notre nature, dans les « puissances » malfaisantes qu'une psychologie sérieuse, à la fois réaliste et subjectiviste, découvre toujours dans l'âme humaine. L'analyse de la passion du jeu nous révèle les vrais facteurs psychologiques de cette grande plaie sociale : de même que l'étude du milieu nous en révèle les causes économiques et les conséquences sociales. Ainsi se confirme une fois de plus le caractère *à la fois individuel et social*, voire *psychologique et économique*, du mal moral, du vice, de la prostitution, du jeu. Et l'on comprend combien nous avons raison dans notre *Déclaration de principes de la Ligue de l'Étoile blanche* d'écrire « que l'immoralité doit être attaquée dans l'individu en même temps que dans la société. »

(1) « Soyez toujours joyeux. »

Les conséquences économiques du jeu doivent être aussi soigneusement notées que ses causes. Avant tout, c'est le déclin du travail. Le joueur n'aime plus le labeur régulier, qui lui paraît trop dur, et d'ailleurs fade, banal, insignifiant.

Cet entrepreneur, ou cet industriel, qui gagnait au travail 50, 100 francs par jour, trouve ce gain honnête tout-à-fait ridicule, dès qu'il se met à jouer. Ce sont des billets de mille qu'il lui faut, en quelques minutes de chance, c'est la danse des mille et des millions qui seule peut désormais exciter ses sens et assouvir son cœur. Alors, il *cesse d'être un travailleur, un producteur*. Il laisse péricliter ses affaires, son usine, sa fabrique. Il ne vit qu'au cercle, au café, à la Bourse. Et le travail tombe, et les ouvriers chôment, et la ruine vient. *Le patron joueur est le père du chômage et des crises commerciales et industrielles.*

Cet ouvrier joueur n'est pas moins coupable du reste. Lui aussi, sous l'empire de la fatale passion, il prend en dégoût son travail quotidien, vit dans la surexcitation de ses pauvres rêves de fortune, et finit par abandonner peu à peu le vrai travail, le travail moralisateur et rédempteur pour le gain facile, lâche, ignoble du jeu. Le dimanche, puis le lundi y passent... ; et l'alcool aidant, c'est bientôt l'homme tout entier, c'est-à-dire *la force sociale par excellence*, qui est perdu pour le travail fécond, pour la cité de justice que nous sommes tous appelés à édifier ! *L'ouvrier joueur est généralement un mauvais travailleur*, un être improductif qui occupe la terre inutilement. Bien plus : il est, comme le riche joueur, *un être nuisible, un consommateur pur et simple, un parasite* vivant ignominieusement aux dépens de la société.

Qu'on ne dise pas que la légion des parasites sociaux qui vivent du jeu et pour le jeu, du plaisir barbare et pour le plaisir barbare (tenanciers, croupiers, cabotins, coureurs, jockeys, bookmakers, toréadors, dresseurs, dompteurs, convoyeurs, etc., etc.) sont très occupés, et peuvent être considérés comme des travailleurs attachés au luxe et aux plaisirs des riches et des foules ! Car ce luxe est improductif, ces plaisirs sont coupables, ces travaux sont inféconds : et Fourier avait raison d'appeler tout le personnel parasitaire du luxe et des jeux « des agents de création négative. »

Les socialistes doivent faire campagne avec nous contre les jeux d'argent et les jeux barbares, car aucun programme de rénovation sociale, politique et économique ne se réalisera avec un peuple de joueurs, de buveurs ou de « noceurs. » Au premier rang des lutteurs pour la justice, nous ne voyons jamais ni les habitués des tripots, ni les pontes de Monte-Carlo, ni les pari-mutuellistes, ni les aficionados des courses de taureaux, ni les « coqueleux, » ni les « coulonneux, » ni les « pinchonneux! »

Le joueur ne croit pas à la justice. La superstition de la chance est exactement le contraire de la foi en la justice. Le vrai socialiste veut la plus grande productivité possible du travail et la plus juste répartition des produits; il n'admet pas un bénéfice, un profit sans travail, et il flétrit du nom d'exploiteurs tous ceux qui prétendent vivre sur le travail d'autrui. Dans ces conditions, le socialisme doit déclarer la guerre à tous les jeux d'argent, qui sont des formes authentiques de vol ou d'exploitation.

Un peuple joueur ne résoudra pas la question sociale (1).

L'idéal social de l'élite humaine tend vers un règne de coopération universalisée, de justice aimante et de liberté solidariste.

L'idéal du joueur, c'est au contraire un régime de bon plaisir et de chance, c'est la société fondée sur l'aveugle concurrence, sur les caprices du Hasard.

Il se trouva à Rome des Sénèque pour protester contre les divertissements barbares et les combats de gladiateurs. Mais leurs timides protestations ne firent rien. « Les jeux furent la dernière passion de l'Empire romain » dit Gaston Boissier. Saint Augustin fit campagne à Carthage, et tous les évêques avec lui: mais en vain. Au IVe siècle, Constantin édicta des lois pour abolir les combats de gladiateurs, mais il échoua.

Est-ce que ce n'est pas notre histoire, l'histoire de l'insuffisance de nos luttes actuelles, et surtout de l'impuissance de nos lois en matière de jeux, de paris, de combats sanglants?

(1) Nous sommes heureux de pouvoir citer à l'appui de ces thèses, l'opinion d'un chef du socialisme, *E. Vandervelde* (voir « *Le Socialisme en Belgique,* » p. 248 à 252).

Et pourtant, il faut espérer toujours... On raconte que le poète Prudence, un chrétien,.exprima le désir — oh! bien tard — « qu'on fît cesser ces tueries et qu'il ne mourût plus personne dont la mort fût un spectacle et un plaisir public. » Ce vœu fut exaucé du moins en ce qui concerne les combats de gladiateurs. — Et nous, nous comptons aussi sur la voix douce et invincible des chrétiens, sur l'irrésistible ascendant des poètes et des artistes, et sur l'action divine, pour faire cesser les jeux d'argent et les tueries et pour qu'il ne meure plus un seul être vivant dont la mort fût un spectacle et un plaisir public.

Une campagne s'impose contre l'invasion des jeux d'argent et des jeux barbares. Nous devons l'organiser. Qui veut en en être?